禅による生活

Suzuki
Daisetz

鈴木大拙

小堀宗柏 訳

春秋社

序

今次の戦争が終わって以来、筆者のところへ禅に関心をいだく米国・英国の若い人たちがやって来る機会が、ずいぶんと多くなった。その人々の禅に近づこうとする態度は多少とも近代科学精神の色合いが強い。そこで私は、従来むしろ古い伝統的な見方に依るのが常であった私の立場を新しく改めたわけだ。なお、それだけでなく筆者自身、最近の経験と反省によって、自分の禅の考え方をある程度修正せねばならないと感じるようになってきたこともある。そういうわけで、この小篇はこうした新しい反省の立場から生まれた結果の一つと見てよい。しかしながら、私がなおこのさき、いくばくかの余命が許されるならば、将来さらに十分な禅の解説を試みたい望みを持っている。R・H・ブライス教授にわざわざ校正（英文版の校正——編者注。）の労を執っていただいた。厚くお礼申しあげる。

於鎌倉、一九四八年十一月

鈴木　大拙

目次

禅による生活

禅による生活

I　禅による生活

「禅による生活」(Living by Zen)とは、どういう意味であろうか。われわれは皆、禅によって、禅のなかに、禅とともに生きているのではないか。いったい、いまだかつて禅から一寸たりとも離れたことがあるのか。われわれはあたかも斗《ます》の中の小魚のようなものだ。いくらもがいてもハネても斗から飛び出すことはできず、結局、傷だらけになってしまうだけのものだ。別の見方をすれば、「禅による生活」とは生まれる前から持っている頭に、もう一つ頭を置くようなものである。それについてとやかくいうのはいったい何のためなのか。人間というものは何でもないわかりきったことを疑問にして、その葛藤《かっとう》に巻きこまれて、どうにもならなくなってゆくのだ。いうまでもなくそれは愚の骨頂なのであるが、この愚かさそのものが、これまでそんなものがあることを夢にも思いえなかったある領域を、われわれに開放するのだ。愚昧《ぐまい》は、いいかえれば、好奇心である。好奇心は神がわれわれ人間の精神に植えつけたもので、神もまた、おそらくは、自分自身を知らんと欲して、人間をつくり、人間をとおして、おのが好奇心を満たそうとするのだろう。

それはまあともかくとして、この小著は『禅による生活』と題することにして、まずその詮索から始めるとしよう。そのためには、われわれは、神、すなわち「神聖な生命《ライフ・ディヴァイン》」から下って、われわれの内部《うち》に発達した知識、すなわち人間的意識を使おう。知識こそわれわれ人間と他の生物とを根本的に区別するものだからである。知識それ自体は、ひとかたならず厄介なものだが、実際生活に役立つ道具であり、ほどよく使うかぎり、われわれはそれから多大の利益を得るのである。

唯物論者はいう、――思惟《しい》は存在によって規定され、存在は思惟によっては規定されない。また、それ自身に根拠をもつ存在は、それ自身によって規定される、と。このことは、それだけのところでは結構であるが、次のことを忘れている。すなわち、思惟や意識がなければ存在は非存在であるということを。事実上、存在は自分自身を意識するときにのみ初めて存在となるのである。神が神としてそれ自身にとどまっているかぎり、神は非存在である。神は神自身でない何ものかにめざめなくてはならない。そこで神が神となるのだ。神は神にあらず、ゆえに神である、というわけだが、この神にあらざるところもまた、神の内になければならない。そしてこれ――神にあらざるもの――が神自身の思想であり、意識なのだ。この意識によって神は神から離れもすれば、また同時に、神自身に戻りもするのだ。それだから思惟は存在に規定され、その存在はそれ自身の根拠に立つものなり、などということはできない。存在は思惟のゆえに存在である、すなわち、存在は存在にあらず、ゆえに存在は存在なり、といわなくてはならない。

禅とは生きることであり、禅は生活である。生きることが禅なのだ。つまり、われわれは禅によって生きているのではなくて、禅そのものを生きているのだ。しかしながら、われわれは禅によって生きるというが、これは、その事実を意識しているということの意味である。

この意識がいかに大切なものかということは議論の余地はない。なぜならば、人間の生活の中で「聖なるもの《ディヴァイン》」をその生活の中に認識する以上に大切なことがまたとあるであろうか。犬は常に犬であるのだが、おのれが犬であることをも意識せず、またおのれのうちに「聖なるもの」を包容していることをも知らない。だから犬はおのれを超越することができないのだ。犬は骨を見つけると飛びついて食う、のどがかわけば水を飲む、周期的に異性を追いまわす、競争者とたたかって死をもいとわない。その生の終りにあっては、ただ息をひきとるだけである、その運命を嘆くわけでもなく、悔いもせず、望みもなく、また、あこがれもしない、これはどうしてなのか。犬はその「仏性」を自覚しないので、この真理を悟らずに過ぎたからにほかならない。犬はまさに禅に生きるけれども、禅によって生きるのではない。禅に生きると同時に、禅によって生きるのは、人間だけである。禅に生きるだけでは不十分である。人間は禅によって生きなければならない。すなわち、人間は禅に生きる意識をもたなければならない。もっともこの意識とはわれわれが普通意識として理解する以上のものであるが。普通にいっている意識とは相対的なもの・心理的なものであり、禅に生きる意識は本質的にこれと異なるもので、人間精神の達しうる極限を示し、神の意識にほぼ近いものである。神がその命じたままにあらわれた光を見たとき、彼はいった、「そは善なりき」と。神の方から下したこの評価は、この世における意識の最初の目ざめであり、事実、この世界の原初そのものである。光と闇の分離というだけでは、原初を明示することにはならない。評価する心、すなわち批判的に自己を意識する心があって、初めて世界は出発する。これはまた、「禁断の果実」を食うことである。食うということは「善悪を知ること」、光と闇の価値を知ること、を意味する。この評価のなかに、この知識のなかに、禅によって生きる秘密が存する。われわれは皆、知覚するとしないとにかかわらず、禅に生きているのだが、生きることの秘密は、人間以外には明示されない。この秘密の知識をとおして神と交わることは、人間の特権である。秘密は諸君がそれを持っているときは、何ら秘密ではない。それは「意識《コンシャスネス》」を付与されているあらゆるものに示される。けだし、「蓋《おお》われしいかなるものも明かされざるものなく、隠されしいかなるものも知られざるものなし」だからである。

　禅による生活は、単に道徳的だということ以上である。道徳は束縛する、禅はもっと広い自由な生活の領域に人を解放する。道徳は創造的ではない、したがって道徳は単に道徳だけのものにすぎず、それ以上であることはできないものだ。

禅による生活とは、(生活) そのままであるということ、(生活が) そのままで完全であるということである。ゆえに、それは、常に自らはたらきかけ、その持てるものを与え、けっしてそれ以外のものであろうと試みたり工夫したりしない。禅に生きれば、いかに荒天であっても、日日是好日である。道徳は、善悪・正邪・徳不徳などの諸観念によって常に自縄自縛となり、これらの観念を超越することができない。もし超越すれば、それはもはや道徳ではない。本来、道徳は自由、自立となりえぬものなのである。けれども禅はいかなる観念にも束縛されることはない、鳥の飛ぶように、魚の泳ぐように、百合の匂うように、自由なのである。

道徳と知性のはたらきとは手を組んで歩む。あるものを他と分けて対立させるのは知性の仕事である。それゆえ、かように善悪の両極に分けて生きることは、道徳の限界内でのことである。道徳は知的判断に従うが、禅は判断を作りもしなければ下しもしない。事物をあるがままに受けとる。しかし、そういっては、的確を欠くし、誤解をまねくおそれがある。禅は分別もするし、判断も下す。禅は、五官のはたらきも、知的作用も、道徳も無視しない。美しいものは美しく、善いものは善く、真なるものは真である。禅は、われわれが眼前の事物を評価するために普通下す判断に反対はしない。禅を形成するものは、これらの判断の一切に、さらに禅が付け加えた「あるもの《サムシング》」であり、このあるものをわれわれが悟ったとき、われわれは禅に生きるということができるのである。

しかし、この点に関して禅の感ずる最も困難なことがある。それは禅は自分自身を表現することができないということである。つまり、知性のはたらきがしみこんでいるわれわれに、十分理解しうるような表現ができないことにある。禅が自己に言葉を与えれば、その言葉は言葉というものを根底から顚倒せしめるような逆行をやるのだ。だから知性は途方を失い、茫然《ぼうぜん》として立ちつくすよりほかはない。

禅はこういうことをいう、「清浄の行者、涅槃《ねはん》に入らず。破戒の比丘《びく》、地獄に堕せず」と。これはまったくモラリストの観念に逆行するものである。白隠（一六八五―一七六八）は彼特有の下語《あぎょ》を下して次のようにいう。

間蟻《かんぎ》争ひ曳《ひ》く　蜻蜓《せいてい》の翼《つばさ》、
忙燕《ぼうえん》並び憩ふ　楊柳が枝。
蚕婦《さんぷ》　籃《らん》を携へて菜色多し、
村童　筍《たかんな》を偸《ぬす》んで疎籬《そり》を過ぐ。

知性の立場からこれを見た場合、この行者と比丘の一句と、白隠の下語《あぎょ》との間にどういう脈絡があるのか。まったく無関係でしかない。しかし禅から見ればそこに十分脈絡があって、原文が白隠の注釈の偈《げ》となりうるのである。一方に通暁すれば他もまたその意味を生ずるのである。

いま、知性の立場から少しく注釈を加える。白隠描くところの光景は日常茶飯の事物であって、われわれが普通そのかたわらを通っても、特に意味あるものは何ら見あたらない。しかるに白隠はそこに禅の何ものかを蔵するものとして描く。これはわれわれの日常の経験がそのまま禅の経験ではあるけれども、ただ、われわれ知識人には「清浄の行者涅槃に入らず」の逆説的《パラドキシカル》な文句の意味を理解できるに足る何かが欠けているので、この事実を認識することができない、ということになるのである。もしそうならば、知識人としてとどまるかぎり、われわれは汚濁の界《さかい》から逃れるすべはない。禅生活は、知性でとらえることのできないある不可思議なものを悟ることを、われわれに指示する。宋《そう》代最大の文人の一人である蘇東坡《そとうば》(一〇三六—一一〇一)は禅の研究者であったが、次の詩がある。

廬山《ろざん》は煙雨　浙江《せっこう》は潮《うしお》、
到《いた》らざれば千般の恨み消《しょう》せず。
到り得《え》　帰り来《きた》れば別事なし、
廬山は煙雨　浙江は潮。

廬山《ろざん》の雨と浙江《せっこう》の潮とは、諸君が禅を得ようと、得まいと、依然同様である。そこに到着する前にも、到着してからも、詩人が歌うように、「別に変わった事はない」のである。禅の有無にかかわらず依然として同じ古い世界。しかし、諸君の意識の中には、何か新しいものがあるにちがいない。でなければ、「すべて同じだ」というはずがない。禅生活は、これまでずっと心の中《うち》に存して、しかも認識することのできなかった「些事《さじ》」を悟らせることになるのだ。けれども、この「些事」こそ、諸君の全生涯に影響をあたえるとき、それが「大事」となるのである。

今宵皎々《こうこう》とかがやく月を、客観的に見れば、規則正しく満ちたり欠けたりする同一の天体である。が、詩人はいずれも皆、場合を異にし、異なった印象を表現する。彼らにとっては、月は同一の天文学的存在ではない。蘇東坡が廬山に関して「別事なし」といいきったところ、そこには、詩人の内面に、大きな変化——まったく革命的な——が起こっていたのである。この内面の変化はあまりにも全《まった》きものであり、あまりにも根底的なものだったから、普通の意味での変化として彼は意識しえないのだ。変化ということが部分的な場合には、なお他に残存するものがあって、これと比較しうる。（たとえば）詩的で浪漫的な印象をあたえる月の場合、そこから発するいかなる感興《インスピレーション》も、すべて心理的なものであって、相対的な意識を離れない。しかるに蘇東坡の場合には、「別事なし」の感が、彼の存在のあらゆる細胞・あらゆる組織に滲みとおっていたのであり、彼はもはや昔日の彼ではないといいうるのである。蘇東坡のみならず、廬山もまた昔日の廬山ではない。廬山のサット（存在）は今や廬山のチット（意識・思惟）を得たのだ。それは昔日の望観者、蘇東坡にあっても同様である、そして両者はついにアーナンダ（歓喜）を得て一つとなるのである。これは世界が経験しうる最大の出来事ではないだろうか。

この小著はそれゆえ、できればもっぱら禅というこの偉大な神秘的出来事を明らかにすることに向けたい。そこから自然に「禅による生活」の何たるかもわかってくることと思う。

Ⅱ　概観

　禅という仏教の一派がある。禅宗の主張するところは、禅こそ仏教の真髄を嫡々相承する、という。流派の如何《いかん》を問わず仏教各派が、そこに禅を有せず、また、その流れを汲む者が禅の眼を欠くならば、その教えは純粋に仏教とは称しがたいと説くのである。それゆえ、禅はその信奉者によれば、仏教のアルファでありオメガである。仏教は禅に始まり禅に終わる。仏教から禅を取り去れば、仏教は仏教たるゆえんのものを失う。これが禅の明言するところであるが、事実そうであるならば、禅は仏教の一派ではなく仏教そのものである。

　しかし、歴史の示すとおり、少なくとも日本では、仏教中特殊な一分派を形成し、かつ、宗派制度を有している。禅が仏教の真髄だというその主張は、後章で明らかになると思うが、まずここでは、禅が教義上ばかりでなくわれわれ日常の実生活の中における、きわめて特殊な修行である点を取りあげることにする。

1

禅の特色はまず初心者を扱う禅匠にある。その扱いはまったく独特で、初心者を途方に暮れさせる底《てい》のものである。禅とは何ぞやという彼らの熱心な質疑に対して答えはこうだ。


「禅とは澄潭《ちょうたん》の月を摑《つか》むようなものだ。」

「禅は煮えくりかえっている油にひとしい。」

「猿が木によじのぼって、天辺《てっぺん》から互いに尾と尾を結んで吊《つ》りさがっている。」

「煉瓦の破片。」

「まゆ毛をあげ、まばたきする。」


一人の庭造りをしている僧が、ある時、師匠のところへ行って、禅の目を開こうとした。師いわく、

「誰もいないときに、もう一度おいで、そしたらお前にいってやろう。」

翌日、その僧があたりに誰もいないのを見すまして、再び入ってきて、その秘密を明かしてく

ださいといった。師匠は「も、ちょっと前へ」という。その僧はいわれるように前へ進んだ。すると、師匠いわく、「禅はな、口にもできず、ことばにもならぬものだ」と。

翠微についても同様な話がある。ある時、清平山《せいへいざん》の令遵《れいじゅん》（八七五—九一九）が彼に向かって、初祖達摩《だるま》がインドから中国へわざわざ伝えて来た禅の奥義を教えてくださいと願ったのである。翠微は、かたわらに誰もいないときにその秘密を伝授しよう、といった。再度彼が入って来たとき、翠微は椅子《いす》を下りて、この熱心な質問者を静かな竹藪《やぶ》へ連れて行き、竹を指さしていった、

「この五六本は長い竹じゃ、あの三四本は短い竹じゃ。」

これらはいかにも突拍子もない定義であるばかりか、かりにも問いに応じたものは見あたらない。禅の創始以来、禅匠と同じ数ほどに禅の定義があるが、それでは祖師と仰がれる仏陀《ぶつだ》について、彼らはどう考えているのだろうか。彼らのいう仏とはいつでも同じものかどうか。

ある禅匠が、仏陀とは何びとかという問いに答えた、

「猫が柱に攀《よ》じ登る。」

弟子がその意味を解しかねる旨を告げると、その師家《しけ》はいった、

「わからなければ柱にたずねろ。」

一人の僧がたずねた、

「仏とは何びとですか。」

霊観《れいかん》は舌をペロリと出して、彼に示した。僧は礼拝した。師はいった、

「待て、何を見てお前はお辞儀したのだ。」

「舌で仏陀を見せてくださったあなたの御親切に対してです。」

と、僧がいった。

和尚がいった、

「近ごろ、わしは舌の先が痛いのだ。」

覚山の景通《けいつう》に一僧がたずねた、

「仏とは何びとですか。」

師は僧を打った。僧もまた師を打った。

和尚がいった、

「お前がわしを打つには理由があるが、わしがお前を打つにはそんなものはないのだ。」

僧は答えることができなかったので、和尚は彼を打って、室《へや》から追い出した。

慧朗《えろう》が石頭《せきとう》（七〇〇—七九〇）にたずねた、

「仏陀とは何びとですか。」

「お前には仏性《ぶっしょう》がない。」

と、石頭がいった。

「では虫けらはどうですか。」

「虫けらのほうが仏性があるな。」

「虫けらにあって、この慧朗なる私に仏性がないのはどういうわけですか。」

和尚がいった、

「お前がそれを認めないからだ。」

一僧が丹霞山の義安《ぎあん》にたずねた、

「仏とは何びとですか。」

「お前は誰だ。」

と、和尚がいった。

「それならば、何の違いもないではありませんか。」

「誰がそういったのだ。」

禅問答にはよく柱がもちだされるが、それは禅院の内部に普通ある物だからである。ある僧が石頭にいった、「菩提達摩《ぼだい》がこの国（中国）にやって来た意味は何ですか」と。師はいった、「柱にたずねろ」と。その僧が師匠のいった意味がわからないと告げると、和尚はいった、「それはどうも困ったわい。」

「禅とは何ぞや」、「仏陀は何びとか」という問いに対して、あたえられたこれらの答えから、禅がどんな教えであるかを、われわれは知ることができる。上述のように、禅とは何ぞやという場合と同じく、仏陀に関する禅の考え方も、その唱道者の問いに少しも同一の形式をとらせない。したがって、仏陀の何たるかを質問者に悟らせようとして、師家たちはそれぞれの手段をとるのだが、その手段たるや実に言語道断ともいうべく、人知をもって測ることのできない一種の不条理でさえある。禅は仏教の一形式であり、仏教の精髄であると明言するかと思えば、実は仏教のブの字さえ知らない様子である。もしわれわれが、常識的な見地から禅を判断するならば、われわれの立っている大地が足もとから沈み去るのを覚えるのである。いわゆる合理的な考え方は、禅の真・偽を評価する上には何の役にも立たない。それはまったく人間の理解範囲を越えているといっていい。したがって禅の特質はといえば、まったくその非合理なところ、すなわち、われわれの論理的な理解力を絶するところなのだ、といっておくよりほか仕方がないのである。元来、宗教というものは一般に、単なる論理では摑みきれない何かがあって、天啓《レヴェレーション》によるか信受によってそれに至るものである。たとえば、無からこの世界を創造した神の存在は論理的に証明もできなければ、体験的に示すわけにもいかない、信仰によってそう受けとるよりほかはない。しかし、禅の非合理性は、いわゆる宗教的非合理性と一般であるとはいえないようだ。

仏教の真髄だと称している禅は、いったい、猿が樹に攀じ、猫が柱に攀じ登ることと、何の関係があるのだろうと問うてみたい。眉《まゆ》をあげ、眼を開いたり閉じたりすることと、何の関係があるのだろう。猫が柱に攀じ登ることにどんな意味があるのか、柱にその説明を求めたら、はたして柱はわれわれにその意味を説明してくれるだろうか。禅匠のこれらの言葉から推して、事実どんな結論を下すべきか。

彼らが仏陀と禅の真理について語っているのだということは事実だろうが、その仏陀はいずれも、猫や柱以上に出ないことは明らかで、そこには神性・清浄性・聖者性などという、われわれの普通の観念では、仏、すなわち宗教的信仰の対象と当然結びつくべき諸観念を、考えさせる何ものも存在しない。猫は後光に包まれてはいない、柱は十字架《クロス》と似もつかないものだ。

禅匠はその弟子たちに、お前だけいるときに、禅の秘密を明かしてもいいというが、このように精神的な真理は、ある人からある人へ個人的にしか伝えられないものなのか。弟子がいわれるままに師匠に近よると、もっとそばへよれといわれる、まるで師匠はその秘密をひそひそとささやかなければならないかのように。とにかく弟子は師匠の命を承知して、二三歩さらに彼に近づく。ところが、弟子の耳に達したのは、何の秘密どころか、秘密は人間の言葉をもってしては伝えられないということだけであった。実際そうなのであったか。前へ出よ、という師の命を弟子が理解しなかったのではないか。現に前に進まなかったのではないか。これ以上何か秘密があったのか。禅には言葉で伝えられるような秘密は何もないと、師匠が説いたとき、師匠は自己を裏切ったのではないか。弟子が禅の真理にまったく無知であるようなふるまいをしたのは自家撞着《どうちゃく》ではなかったか。

挿話全体が一場の狂言《ファース》にすぎないように思われるが、実際狂言なのか。人間の知性には隠されているが、師匠の無言の伝達や弟子のふるまいのなかにははっきり現われている、といった深い精神的なものが、何もないのであろうか。

第二の場合も、禅の秘密がまたもや問題になるが、師匠は、人語によってそれを表現することができるとはいわない。ただ、竹を指さして、長いだの短いだのと評価しただけだ。菩提達摩が中国にもたらしたと思われている禅の秘密については、一言もいわなかった。ここに何か秘密が啓示されたろうか。竹が翠微にも令遵にも何も伝えなかったことは明らかである。しかし、記録によると、令遵はこのとき禅の真理に悟入するところがあったといわれる。では、それは何であったか。短い竹は短く、長い竹は長い。それは年中いつも青く、かつ、まっすぐに立っている。

時あたかも微風《そよかぜ》が吹きわたれば篁《たかむら》は群をなしてそよぐ、その姿は実に何ともいえない。

馬祖《ばそ》（七〇七―七八六）は唐代第一流の禅匠の一人であったが、ある時、一僧来たってたずねた、

「師よ、四句を全然離れ、百非を超越して、菩提達摩がこの国に渡来した意味をお教えください。」

菩提達摩は中国における禅の祖師と伝統的に仰がれている。すなわち、彼は第六世紀の初めに、インドから中国に、禅の思想を初めてもたらした人と見られている。「祖師西来の意味は何か」という問いは、結局、「禅仏教の真理とは何か」というのと同じである。

かかる問を発した僧は、人間の思慮分別を絶した禅の真理というものが、何か特に実在するならば、それを知りたいと思ったのである。「四句」とは、㈠有、㈡無、㈢非有非無、㈣非非有非非無である。「百非（百の否定）」とは、実際は『楞伽経《りょうがきょう》』中の百六ヵ条の否定的な叙述をさしたので、否定しうるあらゆる一切をことごとく否定し去る意である。それゆえ、僧の問いは、あらゆる範疇、あらゆる秩序にわたって、一切のものを否定し去った後になお絶対究極の真理が残るとすれば、いったいそれは何かということになる。禅はかかるものを持っているのか。持っているなら、それを師から与えてもらいたいと僧は要求したのである。キリスト教の用語でいえば、

かかる究極の真理は神または神性である。神を見るとき、その宗教的・精神的な疑いは終わり、彼の悩める魂は最後の安住所を見いだす。馬祖に対する僧の問いは、けっしてつまらぬ問いではない、真理を求める心底からほとばしり出たものである。これに対して馬祖はなんと答えたか。

「わしは今日疲れていて、お前にそれを教えてやるわけにいかない。智蔵《ちぞう》のとこへ行って聞け。」

智蔵は馬祖の高弟の一人である。僧が智蔵の所へ行って、同じ問いを繰り返すと、智蔵は「なぜ和尚にたずねないのだ」という、「和尚がここへ来て、あなたにたずねろといったのです」と、僧は答えた。智蔵は、

「わしは今日は頭痛がして、お前さんに教えるわけにいかない、兄弟弟子の懐海《えかい》のところへ行ってたずねてみろ。」

という。そこで僧は懐海のところへ行ってまた同じことをたずねると、懐海は、

「そいつは、わしも知らんわい。」

といった。

僧はいたし方なく再び馬祖和尚のところへ行って、一部始終を話した。すると馬祖いわく、

「蔵頭は白く、海頭は黒い。」

この禅の「機縁」・「話頭」(または因縁と称す)から推測できるものは、一見するところ師家の

気分の悪いこと、一弟子の頭痛、他の一弟子の不了解、最後には、弟子の頭髪が白いだの黒いだのという、師家の別に何も変わったことのない注釈というにすぎない。どれも皆日常経験する取るにたらない事柄であって、真理とか、神とか、実在とかいうような、高遠な題目とあまり関係がないように思われる。多年の間真摯《しんし》に考究してきた熱烈な真理の探求者に、禅がこれだけしか与えようとせず、また与えることができないとしたなら、実際、禅など学ぶ価値があるものなのか。第六世紀に南海の激浪に生命を賭して、中国に渡って来た菩提達摩の密旨は、すなわち祖師西来の意は、はたしてこれ以上のものではないのか。

ともかく禅の独自の立場は、その非合理性のみにとどまらず、その真理を表示する際の常軌を逸した手段にあることがわかる。非合理性といえば、たとえば、宗教的命題というものはほとんどどこの部類にはいるだろう。キリスト教の述べるところによれば、人類を最後の処刑から救うために、神はその一人子を送った、という。どう考えても、それははなはだ非合理である。神は全智全能とされているから、人間をつくったとき、すでにその運命を十分知っていたにちがいない、知っていたとすれば、何ゆえわざわざ手数をかけて、罪深き人類のために、その唯一の忘形見《わすれがたみ》を犠牲にしたのか、また、しなければならなかったのか。彼の全智ということは別として、一人子を遣わして十字架にかける以外に、彼の全能を証明する方法はなかったのか。神がわれわれ人間と同様に合理的なものならば、人間に対する無限の愛情を示すために、人間に転身する不合理をあえてする要はない。キリスト教の神という概念やその救世策には、この種の「非合理」な疑問が数多くあげられる。禅の非合理性はキリスト教のそれとはまた別趣のものであるが、非論理的という点では、どこまでも同じである。禅ではこういう、「私は手に鋤《すき》を持っているが、手は虚《か》空《ら》だ。牛に乗って行くが、しかも徒歩であるいている。」と。これはまさに、キリストがはりつけにされて、三日後に墓から生きかえったといい、また、キリストとペテロが水の上を歩んだという、キリスト教徒の主張と同様、非論理的で、人間の経験に反するものではないか。

禅がその問題とするところを扱う方法は、たしかに思想史の上ではまったく独特なものである。禅は観念や概念を用いずに、直接具体的な体験に訴える。修禅の僧が、このように最も実際的・個人的・生きた方法で伝えられる真理を自覚することができないときは、次の機会を待たなければならない。その間《あいだ》は抽象的な思索の荒野にさまよいつづけるかもしれない。

禅以外の他の宗教的ないし、精神的教義の場合、どんな不合理性が蔵されている場合にも、それらの宗教では、演繹《えんえき》または帰納によって、抽象化・合理化あるいは仮定化によって、その真理を証明しようと努める。しかし禅匠はそんな方法を顧みることなく「直接行動」に出て、はなはだ効果のある一人対一人の方法で、弟子を教える。その際弟子が会得できなければ、師家は落ちついて他の機会を待つことになる。すると弟子はもう一度やって来て、こんどは別の形で師に問い迫ることになろう。

水潦《すいりょう》が「いかなるかこれ祖師西来意」という問いをもって馬祖に迫った。すると、馬祖はやにわに水潦を蹴《け》り倒した。この乱暴な扱いが彼に禅の真理を悟らせた。起きあがると水潦は、手を拍って呵々《かか》大笑し、こう叫んだ。

「何という奇なることぞ。一切経中の甚深微妙《じんじんみみょう》の意味、すべての三昧《さんまい》は、一毛頭上に一瞬にして示現された。」と。

彼は師を礼拝して退いた。後になって、彼は、「馬祖の一蹴《しゅう》を味わったとき、私は笑いを禁じえなかった」といつも語った。その仏教の究極の真理をたずねられると、彼はただ両手を拊《ふ》して大笑するのみであった。

禅では、殴《なぐ》り倒したり、一掌をくらわしたり、杖で打ったりすることが多い。修禅の僧が、たまたまこのように、思いもよらぬ手荒いやり方で扱われたとき、初めて禅の真髄に達して彼の眼を開く場合が多いのである。しかし、その一打が効を奏せず、新参の求道者をどうにもならぬ窮地に追い込むことも少なからずあるのは、いうまでもない。

晩唐の名僧徳山《とくさん》（七八二―八六五）は、棒を駆使することによって有名であった。彼の好んで使う言葉は、「道い《い》うるも三十棒、道いえざるも三十棒」。ある時、衆に示して、「お前たちが問えばすなわち誤りである、問わなければまた間違っているのだ」といった。一僧が進み出て、礼拝をしようとした。するとすかさず徳山は手中の棒で痛打した。その僧は抗議して、「あなたに礼拝をしようとしたのに、なぜ私は棒をうけるのです」といった。

徳山いわく、

「お前が口を開くのを待っていたら、この一棒は、くその役にもたたんわい。」

高亭は帰宗智常の弟子であった。一僧が夾山《かっさん》から来て、彼に向かって恭《うやうや》しく礼拝をしたとき、高亭はこの僧を打った。すると僧は「とくにご教示にあずかりたいと思ってここにやって来たのに、和尚は何をもって打つのです」そういいながら、再び彼は礼拝をした。高亭はさらに痛打をあたえて、寺から彼を追い出した。

僧は夾山のもとへ戻って、高亭と会った一部始終を告げると、夾山はいった、

「お前は高亭の仕打ちがわかったのか。」

「私にはわからないのです。」

という。すると夾山はいった、

「お前がわからないのは幸いだった。わかっていたらわしは唖《おし》にされたろう。」

長沙が仰山《きょうざん》（八四〇―九一六）と一緒に月を眺《なが》めていたとき、仰山が、

「誰もこれを持っているのだが、ただ用いることができないまでだ。」

といった。

「ちょうどお前さんがいる、どうだ、用いてみては。」

と、長沙がいう。「用いてみよ、わしが見る」と仰山がいうや否や、長沙は仰山をしたたか蹴り倒した。起きあがると仰山はいった。

「師兄《すひん》よ、貴公はまるで猛虎のごとしだ。」

禅文学には、門外漢にとってはとても恐ろしくて近よれないような、こうした記録が数多くかぞえられる。門外漢たちは禅を、乱暴と不合理と、おそらくは無意味《ノンセンス》なことばかりを課する一種の修行だと考えるかもしれない。禅が仏教の真髄だと主張することは、何ら中身のないほら吹きにすぎない、というかもしれない。皮相な眼しか持ち合わさぬ批評家の寄り集まりでは、このとおりであろう。しかし歴史的事実は、禅が中国において創始されて以来、一千年以上も栄えていたこと、日本では、その文化の形成の上に、今なお一つの能動的な精神的動力たるを失わないことを示している。このことから推して、禅には、結局のところ、何ものかがある。その何ものかが生命の根柢《こんてい》に触れ、人間の内的経験の深みに訴えるのだと結論を下すのが正しいようだ。

2

禅の教育法でもう一つ独特の形式は、いわゆる「問答」である。弟子が問いを設けて、師家が答えるのであるが、しばしばこれが逆になることがある。答えは上述のように必ずしも言語をもってあたえられるとは限らない。なぜならば、この問いと答えとは、具体的思惟（concrete thinking）とでもいうか、あるいは霊性的感情（spiritual feeling）とでも称すべき領域で展開せられ、抽象や合理性の面で行なわれるのではないからである。それゆえ、師弟の間には長たらしい言葉は取りかわされず、多岐にわたる論議などは起こらない。問答は概して師家の寸言肺腑を刺す底《てい》の言葉とか、全身の力をこめた行為とかにとどまり、けっして論理的な巧緻《こうち》を次々と転回してゆくようなことはやらない。弟子が万一師家のいう意味をただちに了解できない場合には、師家は彼を叩き出してしまう。それで一対一の対決は終わる。

禅はけっしてそれを概念化することを許さない。禅は美的または直覚的な了得に生命をもつのであるから、その真理はつねに個人的接触によってあらわされる、ここに問答の意義がある。打ちのめしたり、横面に一掌をあたえたり、襟首《えりくび》をつかんでぎゅうぎゅういわしたり、その他の荒っぽい・容赦のない行為は、この個人的接触の自然の成りゆきなのである。禅真理の会得《えとく》がこれらの行為から生ずるといえば奇妙に思われるかもしれないが、禅というものが論理的推究や概念的説得に基礎をおかない以上、禅の会得は個人的体験そのものから来なければならない。そして、個人的体験とは、感覚世界の体験ばかりではなく、心理的領域に起こる経験事実をも意味する。

臨済（?—八六七）は、かつて、次のような意味の説教をした。

「赤肉団上《しゃくにくだんじょう》（このからだ）に一人の無位の真人がいる。それはお前たちの感覚の門を通って出入する。しかしいまだ彼を明らかに見得したことがないならば、さあ見よ、見よ。」と。

一人の僧が進み出てたずねた、

「無位の真人とは何者ですか」と。

臨済は椅子からおりてきて、僧の胸ぐらをひっつかんで「道《い》え道え」と迫った。

僧が躊躇《ちゅうちょ》していると、臨済は彼を突き放して叫んだ、

「この無位の真人はなんと糞掻き篦《くそかきべら》じゃわい」といいながら自分の室に戻ってしまった。

「一無位の真人」という観念は、明明白白であって、別に珍しいものではないのだが、かえってその真人を各人の中に自証することが要求されているのである。そして臨済は、これを言語表現などによらず、自分自身でじかに見《まみ》えよというのだ。

質問者は、いわばこの真人の実在を、身をもって証拠だてることに骨を折らなければならない。ここには抽象的な弁証法は存しない、存するのは血肉に充ちた、生き生きした体験の事実である。

臨済は僧の心が知識的努力の面にはたらいて、この事実が認められなかったので、彼を叩き出して、この乾屎橛《かんしけつ》（くそかきべら）とののしったのである。それで「一無位の真人」は、とうとう一片のつまらない木片《きぎれ》になってしまった。こういうところが合理主義者《ラショナリスト》の落ちつく先である。そして、「路傍の名もなき草の葉も丈六の仏陀の金色《こんじき》の光に輝きうる」事実は、禅匠の手中にのみ握られている。臨済すなわち禅はこの事実をわれわれの一人一人について求めるのである。

この点について、キリストが「人の子の肉を食《くら》わず、その血を飲まずば、汝らに命なし」（ヨハネ伝・第六章五十三）といったとき、彼もまた、禅仏教中の一人といってよい。哲学者や唯心論者がわれわれの身体的存在について何といおうとも、われわれは食わなければ飢えるし、飲まなければ渇する——これは人間的経験の具体的な事実である。人間は皆肉と血で出来ており、その肉体の中に、禅はありありとあらわれているのである。それゆえに禅匠は禅を言いあらわして、「鍋の中に煮えたぎる油のごとし」という。これはあらゆる修禅者の現実の経験であり、彼はその中に指をじかに突っ込んで、骨身に徹するまで、味わわなければならない。禅はまた、「七転八倒」すなわち名状しがたい渾沌《こんとん》の生活であるといわれるのだが、その意味は、禅は心理的・精神的の危機をいくたびか経て初めて到達しうるものだという意味である。禅の真理を会得することは、けっして安易な知的訓練などではない。自分の肉を食《くら》い、自分の血を啜《すす》らなければならないのだ。

ここにもう少し説明を加えよう。霊性的生活がキリストの肉を食い、血を飲むことに発するといえば、はなはだしく唯物的に聞こえるし、あまりにも身体的に過ぎるように思える。しかし禅の見地からすれば、心と体との間に差別をおくこと、この両者を全然別のものとして区別することは、大きな誤りである。このように実在を二元的に見る見方は、従来、霊性的真理を正しく理解する上に、大きな躓《つまず》きとなってきているのだ。

これに関連して、次の言葉は、二元的な実在観念に関する禅の見方を明らかにする一助となると思う。南泉（七四八—八三四）の弟子の長沙が「仏陀とは何か」とたずねられたとき、「仏陀とはわれわれのこの肉身にほかならない」と答えた。この場合、注目すべきことは、仏と一体であるのは、長沙の肉《ルーパカーヤ》身なのであって、一般にこんな場合、仏と一致する相手として持ちだされがちな、心でもなく、魂でも精神でもないところに意義があるのだ。

仏なるものは、一般にこの形ある身体とはあまり関係ないものである。つまり、肉体的なものとは一段いやしいもので、仏とはそんなものを遠く越えたものと考えるのが一般の常識的見地であるが、長沙は常識的合理主義の最も弱点となるところを直下《じきげ》に突いたのである。禅的鍛錬の目的の一つは、身心の二元的観念を破砕することである。禅匠はここに力を入れる。次の一節は『伝燈録』からの引用である。

滞《とどこお》るものは障壁でもなく、
通ずるものは虚空でもない。
ただこの一点を了承すれば、
心身は本来同一である。

注「障壁」は障害となる肉体や物質を意味し、「虚空」は心または「普遍性」を意味する。長沙はこの二元的な実在観念を否定したのである。

仏性は実に露《ろ》堂々として顕現している、
この性《い》に執着する人間はこの堂々たる仏性を見るあたわず。
あらゆる人間の本質は無我なりと悟るとき、
仏顔とわが顔とに何の差かあらん。

一僧が長沙にたずねた、

「どうしたら、われわれは、山や河や大地を転じて、この自己《セルフ》となすことができますか。」

師は答えた、

「どうしたら、われわれは、この自己を転じて、山や河や大地となすことができるか。」と。

僧は和尚の意を解しえなかったので、長沙はいった、

「この湖南の城下は人々が落ちついて暮らすにいい所だ。米も安く薪《まき》も豊富だし、隣人睦《むつ》みあっている。」

それから彼は次の偈《げ》を与えた。

山河の変容をたずねるものは誰だ、
山河は転じて誰に向かわんとするのか。
完《まつた》き円通ありて、些《さ》の両畔なし、
法性《ほつしよう》帰するに処《ところ》なし。

ここにいう両畔《バイファアケーション》（二岐、ふたみちの意）とは、法性《ダルマ・ネイチュア》と山河大地そのほか一切の有形物との中間、心と体との中間、「障壁」と「虚空の無」との中間、仏性といまだ観念に囚われている心の持主との中間にあって迷う謂である。両畔とは知性のはたらきであり、それに頼らなくては、人は実際生活を営むことができないから、精一杯それを利用するのであるが、霊性の領域にそれを侵入させてはならないのである。

薬山（七五一―八三四）が、ある時、師の馬祖《ばそ》から「お前は近ごろどうだ」とたずねられた。すると薬山は「皮膚脱落し尽くして、ただ一真実のあるのみ」と答えた。けれども、「一真実」、即ち真実在《リアリティー》を、外観や現象と称するものから離れて存在する核心《カーネル》とか、根本《ハイポスタシス》とか、物それ自体とかに解してはならない。それは思慮分別の対象として彼とかこれとかに区別される底《てい》のものではない。それは、一切の身心が脱落した後に残るもの（こういう表現もつかいたくないのだが）である。これを知識作用の面から理解してはならない。象徴的《シンボリツク》なものであり、霊性の面で解釈すべきである。適当な言葉がないままに称するところの禅的経験、すなわち悟りというある状態中にいだく「感《フィーリング》じ」である。

　禅は個人的接触または一対一の対決がきわめて大事だと力説するが、人間の心にのみ許される観念作用の特権を無視するわけではない。すなわち禅は言語の作用にも頼るのである。しかし、禅と他の精神的教示や鍛錬との明らかな相違は、言語や概念を完全に支配するところにある。禅は言語や概念の奴隷となるのではない。それらが人間の経験において果たす役割を十分心得ていて、適時適所に言語を駆使するのだ。

　人間は「理性的人間」（homo sapiens）であると同時にまた「工作的人間」（homo faber）である。しかし、homo faber としてその性質上まねきやすい最大の危険は、自ら創《つく》りだしたものの奴隷になるということである。人間は多くの道具《ツール》を造り、各方面に活動する際、きわめて有効にそれを使う。けれども、つねにその造った道具の専制力《ティラニー》に身をさらすこととなる。その結果、自己の主人公ではありえず、境遇の卑しい奴隷となるのであるが、最も悪いことは、彼がこの事実を意識しないということである。これはとくに思想の領域において顕著である。人間は多くの価値ある諸観念をつくり、それによって諸実在を扱うことを学んできたが、いまや観念を実在と、思想を体験と、体系《システム》を生活《ライフ》と、とり違えている。多くの観念や概念は自分の創ったものであり、けっして究極の実在ではない——ということを忘れている。禅はこれを十分承知しているから、一切の問答は、概念化《コンセプチユアリゼーション》の虚偽の仮面を放棄することに直接向けられるのである。それゆえに、禅は非合理的に思われ、常識的な世界像を蹂躙《じゆうりん》するように思われるのである。

第八世紀の龐居士《ほうこじ》が、馬祖に、「万法と侶《とも》たらざる人」についてたずねたとき、馬祖はいった、

「你《なんじ》が一口《く》に西江の水を吸尽せんを待って、即《すなわ》ち汝に向かって道《い》わん。」

ある僧が、仰山慧寂《えじやく》の弟子の光穆《こうぼく》（十世紀ごろ）に、

「正しい聞きかたとは。」

とたずねると、師は答えた、

「耳で聞かぬことだ。」

「どういう意味ですか、それは。」

師は反問の形で答えた、

「お前は今聞いているのか。」

こうした問答からわれわれは何を受けとるべきか。第一の場合には不可能事がたずねられる。

一口に西江の水を吸尽するなど、できない相談である。常識的経験に関するかぎり、かかる芸当は絶対に不可能だ。もしかりにこれができたとしても、「万法と侶《とも》たらざる人」すなわち現代の観念でいう「絶対者」に相当するものと、その行為と、いったいどんな関係があるのか。師家のいう意味は、日常経験の秩序をくつがえせば、「絶対者」を理解できる、というにあったのか。それとも、「西江の水を吸尽す」とは、尋常の実在世界の徹底的否定を、単に象徴的にいうのか。「絶対者」はかくして到達されうると考えるのか。明らかに師家は、このように、頭でものを考えて、工夫を凝《こ》らしはしなかった。西江の水を吸尽せよという彼の要求は、その裏に、何ら理窟《りくつ》づけの作用をもってはいなかった。たまたま「まあお茶でも一杯おあがり」というのと同様、ただ何気なくそういってのけただけである。「万法と侶たらざる人」は、馬祖にとっては、抽象観念ではなかった。その辺に見える一切のものと同じ具体的な存在であったのだ。

趙州《じょうしゅう》(七七八—八九七)が仏教の大意をたずねられたとき、「庭前の柏樹子《はくじゅし》」と答えた。その答えはまったく自然に出たもので、その背後に知的な躊躇も機械化もなかった。馬祖が西江の水といったのと、趙州の場合とはいずれも同じく、ごく自然に発したのである。

前述の「正しい聞きかた」云々の問答はどうかといえば、この順序は多少西江の問答とちがった趣を呈する。否定主義《ネガテイヴイズム》を暗示する点はこの方がはっきりしているといえる。師家がほんとうの聞きかたというのは耳で聞かないことだといったとき、彼の頭には『般若波羅蜜多経』に説かれている否定の論理があったかもしれない。この経によれば、般若《はんにゃ》（最高智慧、大智）は般若にあらず、それゆえ、般若である（即非二般若波羅蜜一、是名二般若波羅蜜一）。光穆が真の聞きかたは耳によるものではないといったとき、彼はこのことを考えていたのか。もし事実そうならば、彼は禅匠ではない。禅の世界では、抽象も、弁証法も、智慧分別も存しないからである。鐘を打てば人はそのまま耳にして、躊躇なく「鐘が聞こえる」という。花を見れば同様に「花が見える」という。彼は般若哲学を考えたりして、こういうのではない。彼の経験は常に端的であり、直覚や審美的了解にもとづくもので、哲学らしい反省なぞ何もない。ゆえに、光穆は質問者が自分のいった意味を解せぬと知るや、間髪をいれずにこういい放った、「お前、今聞いているのか、どうだ」と。これは結局、禅の見性の眼が彼の感覚的世界そのものを透徹しているのではあるが、光穆の心はこの感覚世界の直接性からけっして遊離したものでなかったことだけはいいうるのである。

3

あらゆる宗教的経験が独特なものだという理由の一つは、それが常識的論理に訴えては説明がつかないということ、また次に、宗教経験に含まれる何らかの事実が暗示するように、われわれの意識や生存の中に推理作用では分析できない何かがあらわれ、結局、信仰とか、天啓《レヴェレーション》とか、「超自然《スーパーナチュラリズム》」崇拝などの観念に到達するということである。こうした意味では、禅は他の宗教的経験と同様独特なものである。しかし、禅を特別な意味で独特なものにしているのは、とくにその方法論《メソドロジー》なのだ。それは一連の逆説や矛盾や非合理によって構成されているのみならず、われわれの日常生活の経験と最も緊密に結ばれたはたらきをするという点である。

たいていの宗教は、神を信ぜよ、という。あるいはまた、人間以外に、人間を超越する何者かへの信仰を説く。なぜならばこの超越者からこそ、驚嘆すべき何ものかが出てくるという。しかし禅は、この順序をひっくりかえして、まず、感覚世界と具体的に結びついている驚異をもちだし、それを通じて、その根源に到達させようとするのである。禅は、黒は白く白は黒い、といい、水は流れず橋は流れる、といい、禅匠の拄杖子《しゅじょうす》はまっすぐであってまっすぐでない、といい、木馬いなき石女《しゃくにょ》踊る、という。思いがけなくこうした言葉を突きつけられると、われわれは知的平衡を失して、それをどう始末していいかわからない。この人の平衡を失した瞬間をとらえて禅匠は、何でも答えになるものを、むりやり引き出させようとする。その答えは肯定でもだめ、否定もまただめなのである。「杖だというな、杖でないともいうな、しかも、道《い》え道え」と。この「道え、道え」は、「何かいえ」または「何かせよ」という意味である。諸君がこのディレンマを脱する法がわかれば、師家を首肯させる表現法がわかるのだ。

禅は一つの経験であり、禅の独特さはこの経験の独特さに存するという言いあらわし方はいまだ当を得たものではないようだ。ではどうか、というと、「禅においては、主体として経験されるべきものもなく、また客体として経験されるべきものもない」というほうが正しかろう。俗にいう「経験」「体験」とはわれわれの存在の一部分をさし、部分であるから、当然そこには経験するものと経験されるものとがある。禅はこの種の経験ではない。それは部分的または断片的な経験ではない。いわゆる禅経験とは、全存在を含むのだ。その全体が全き変容を経過することにより、（全体の中の）一が初めて一たる根拠を得るのである。この全き変容の中には、ふるいものを思い出させる何一つも残されていない。外見上「私」というものは変わらない。存在としてはもとの五官、もとの知性と感性をもっていて、この「私」のおかれた世界は、以前と別に変わらない関係を保っている。川は流れ、海は波だち、山はそびえ、鳥は鳴き、花は開き、動物は飛びまわっている。しかし、周囲の見なれた風物はこのように前と変わらないが、「私」はもはや同じ「私」ではない。世界は同じ世界ではない。全き変容がどこかに起こったのだ。それは単に経験とは名づけがたいものである。経験は心理的であるが、禅のいう変容は心理的なものではない。いわば形而上的、あるいは実存《エキジステンシャル》的と称すべく、それは心理的以上のものなのだ。禅には心理学的な面のあることはたしかだ。が、禅はさらに心理学的なものを越えてゆくものだ。もし禅が心理的なものに止《とど》まるものとすれば、「石女が踊る」とか「木馬がいななく」などといいだすのは精神病学の一事例《ケース》となるであろう。

そういうわけで、この全き実存的変容と称せらるべきものが、つまり、禅「経験」といわれているものなのだ。したがって、この「独特な」見地から、禅文学全体を吟味し、解釈すべきである。

禅匠が「本来の面目とは何か」*とたずねられると、彼は眼を閉じて舌を出し、次に、眼を開いて、また舌を出す。たずねた僧が「本来種々雑多な顔（面目）があると自分は思います」とでも答えると、師家は「お前たった今何を見たのだ」という。僧は一言も答えられない。

＊「本来」の面目とは、人が生まれる以前にもっている面目である。「アブラハムの在りし以前」のキリストの顔も、これであるといってよい。これは初心者にしばしばあたえられる公案の一つである。

この問答は、舌を突き出したり、眼を閉じたり、開いたりするということにのみとらわれているかぎりは馬鹿《ばか》みたいな話である。まったく子供だましのようなもので、おもしろいことはおもしろいけれども、いったい、禅修行者が真剣に熟考するに足る意味があるのであったろうか。「本来の面目」という問題は、重要な意義を十分もつものであり、けっして単なる無邪気でおもしろい児戯として扱うべきではない。それは何年もかかって苦労を重ね思索しなければならない哲学的研究の真剣な題目である。では何ゆえ、禅匠は、かく身も心も打ち込まなければならないような主題を、一見かろがろしく無頓着に扱うか。彼はそれを抽象的思惟や概念作用に訴えないで、さっさと自分の舞台の中へ引き入れてしまうのだ。彼の内部に、何かそれを実在の深みと結びつけるものがなければならない。目を瞬《また》き、指をあげ、舌を突き出す、これはつまらぬありふれたことに見えるが、しかし禅匠の目からすれば、まさに天を裂き大地を動かすのと寸分違わぬ重大で真剣で容易ならぬものなのだ。一瞬えたいの知れない閃光が空中でぴかっとしたと思うと同時に、数千万の人命が即座に消滅してしまう。これは世界の思慮ある人を深刻に考えさせる重大事件である。物理的・道徳的結果からいえば、これと禅匠の瞬きとの間には、何ら比較すべきものはないのである。しかし、実在そのものに根ざす禅の見方からすれば、両者はともに机上の一塵を吹きはらうようなものである。たしかに、人間心理と道徳と善の観念の至りえぬ世界がある。そこは神のみ独り静かにあって、一切の人間の情熱や悩みや愚行を観じているのだ。この神の世界が、人間が露のように生き死にしているこの世界とけっして別にあるのではないということこそ、神秘中の神秘である。禅匠もまたこの憂世《うきよ》にいるのだが、彼と余人との違いは、この事実を会得しているという点にある。禅匠のふるまいや、いう言葉は、つねにこれに関している。ゆえに一見無意味と思われることも、その事実の会得のゆえに意義を帯びてくるのである。

次の問答は、上に述べた事柄に何らかの光を投ずるところがあるかもしれない。

潙山《いさん》（七七一―八五三）が雲巌《うんがん》（七八二―八四一）にたずねた。

「菩提（悟り）は何をもってその座とするか。」

「無為をもって座となす。」

雲巌は潙山のほうに向かって、彼の意見を求めた。

潙山いわく、

「空《シユーニヤター》がその座だ。」

後に雲巌は道吾にたずねた、

「あなたはいったいどうだ。」

道吾は答えた、

「坐《すわ》りたければ坐るがよい、臥《ふ》したければ臥すがよい。しかし、一人の、坐りも臥しもせぬものがいる。さあ道《い》え、道え。」

と。これを聞いた潙山は満足した。

別の日、潙山は道吾にたずねた、

「お前はどこへ行ってきたのだ。」

「私は病者を見ていました。」

と道吾がいった。
潙「病人は何人《なんにん》だ。」
道「病人もあれば、病人でないものもあります。」
潙「病人でないものというのは宗智（道吾のこと）自身のことではないのか。」
道「病人であろうとなかろうと、それが宗智に何のかかわりがありましょう、さあすみやかに道《い》え、道え。」
潙「お前がすみやかにいいえたにせよ、彼に何のかかわりがある。」
これが潙山の結語であった。

一僧がたずねた、

「この現在の刹那をどう把握したらいいのですか。」

道吾宗智がいった、

「何千人の人がお前を呼んでも振り向くな。それができたら始めて多少現在に得入しえたといえるだろう。」

「忽然として火が起こったらどうなるか。」

「大地を焼き尽くすのだ。」

道吾宗智がこんどは僧にたずねた、

「星辰《しん》も火炎も滅却したとき、お前は火を何というか。」

「それは火ではありません。」と僧はいった。

別の僧が師にたずねた、

「あなたには火が見えるのですか。」

「そうだ、見える。」

「その見ることはどこから来るのですか。」

「行住坐臥を一切離れて、さらにもう一ぺん問うてみよ。」


これらの問答はいったい何を目ざしているのか。それは、「坐りも、臥しもせぬ」悟りの座、「病・不病にかかわらぬ」者、「宇宙全体を焼き尽くして、なお、見・不見を越えている」火、「行きもせず、立ちもせず、坐りもせず、臥しもせぬところから問いを発する」者、こうしたところに、われわれの眼を開かせようとするのだ。

諸君の眼がひとたびこの神秘な事実を一瞥するや、諸君はけっして黙してはいない。全宇宙を灰燼《かいじん》に帰して、なおかつ、山を山とし、川を川とし、星を星として保持するあの「火」の何たるかを直下《じきげ》に道《い》いうるのである。「道《い》え」、「速かに道え」、「一句を道え」などは、いずれも好んで禅匠のつかう言葉であり、いろいろな意味で、大切なはたらきをする。彼らは、これによって、われわれが真に善と悪、是と非、彼と我、を超越したという証拠を呈示することを求める。しかし、後ほどわかると思うが、この超越ということは、単に二元的な考え方から離れるのではなく、絶対の見地から、ある意味で「永遠の相の下に」(sub specie eternitatis)、この二元的な考え方を評価するのである。禅はこの絶対の見地を概念的にではなく、実際にこれを把握せよと要求するのだ。こうした理由から、禅の表出や解釈や疏通につかう用語は、たいていは具体的であり、日常経験の範疇に属するものである。

　霊性的経験の上で禅が独特だというのは、深遠な抽象的問題を、きわめて具体的・自然的・現実的な（非現実的なこともしばしばあるが）態度で扱い、推理《リーズニング》と仮定《ポスチュレーション》に訴えることをしないその方法に存する、といったらどんなものかと思う。たいていの宗教的真理は逆説的に表現されるものであるが、禅もまたそうである。しかし、禅の特色は、その率直な言い方であり、宗教的真理がまるで日常の経験を全然超越しない事柄ででもあるかのように、実際的に扱うことである。

　簡略不完全ながら、上述の事項によって、読者がある程度まで、禅の何たるかについてだいたいの観念を得られ、その特異性を形づくる主要な要素の二、三がどんなものであるかわかれば結構である。しかし、これらの事柄から推測して、禅による生活には何か普通でないもの、目をみはるような何かがあると考えてはならない。それは世間の他の生活と少しも異ならぬ、しごくあたりまえの生活だからである。事実、あたりまえということが禅であり、その反対は禅ではない。たとえ禅に入ることがいかに深くとも、その日常生活は隣の人の生活とまったくかけ離れたものであるはずはない。もし禅の生活に他の生活とかけ離れたものがあるとすれば、それはその人の内的生活《インナー・ライフ》の中になければならない。禅の内面生活には三つの特性、存在《サット》・思惟《チット》・歓喜《アーナンダ》がある。sat《サット》は存在または真実性、cit《チット》は思惟または自己意識（単なる自己意識ではない）、ānanda《アーナンダ》は真のよろこびである。これについては後に説明したい。

補　足

もっと典型的な禅問答を見ることによって、読者が禅匠のとる方法と禅の教えの真髄を瞥見する一助とするため、次に『伝燈録』からそのいくつかを引用してみる。

一　茱萸山鄂州《しゅゆさんがくしゅう》に住んでいるある僧が、金輪可観《こんりんかかん》に初めて会見したとき、可観がたずねた、

「道とは何ですか。」

僧は答えた、

「虚空に向かって楔《くさび》を打つなかれ。」

可観がいった、

「虚空そのものが楔です。」

僧は可観を打った。しかし可観は僧を抑えていった、

「私をそんなに打ちなさるな、後できっと理不尽に他のものを打つことがあるだろう。」

僧は満足した。

二

趙州《じょうしゅう》が芙蓉《ふよう》に会うと、芙蓉がいった、
芙「和尚は何をそんなにうろついているんです。いい年寄りが、どこかに落ちついたらいいでしょう。」
趙「どこに落ちついたらいいのだ。」
芙「この山のふもとに古い寺の地所があります。」
趙「お前はなぜそれを自分のものにしないのだ。」
後に趙州が茱萸山に行って、かの和尚に会うと、和尚は、
和「年寄が何をそんなにうろついているのです。もうすっかり年をとったのだから、落ちついてもいいでしょう。」
趙「どこに落ちついたらいいのだ。」

和「この老僧は、老いぼれて、自分の住所も知らぬわい。」

趙州がいった、

趙「わしはこれまで三十年という長い間、馬を扱って暮らしてきたが、今日は、とうとう一匹の驢馬《ろば》に蹴られたわい。」

三　一僧が蘇州の西山和尚にたずねた、

僧「私は、三乗や十二分教のくだくだしいことはどうでもよいのです。私が知りたいのは、祖師西来の意味です。」

和尚は払子《ほっす》をあげて、それを彼に示した。僧は礼もしないで和尚のもとを去った。それから僧は雪峰のところへ行くと雪峰がたずねた、

雪「どこから来た。」

僧「浙中《せっちゅう》から参りました。」

雪「夏安居《げあんご》（夏期の修行）をどこで過ごした。」

僧「蘇州の西山で過ごしました。」

雪「和尚は健在か。」

僧「私がお別れしたときは和尚は健在でした。」
雪「なんだって和尚の許《もと》にいなかったのだ。」
僧「仏教について悟れなかったからです。」
雪「どうしてだ。」

僧はそこで和尚と会見したときのいきさつを雪峰に話した。すると雪峰がいった、

雪「なぜお前は和尚を肯《うべな》わなかったのだ。」
僧「それは単に境《きょう》＊（客体）にすぎないからです。」
雪「蘇州の町には家あり人あり、男も女も住んでいるのが見えないのか。」
僧「よく見えます。」
雪「道にそってずっと草も木も見えるだろう。」
僧「見えます。」
雪「家と住民、男と女、地と木と湖――それらはみな『境』ではないのか。お前はこれを肯《うべな》わないのか。」
僧「肯います。」

雪「それでは何だってお前は和尚が払子をあげたのを肯わないのだ。」

僧は恭《うやうや》しく一礼していった、

僧「考えのないことを申し、はなはだ申しわけありません。どうか、お慈悲をもってご教示ください。」

雪「全宇宙はただこれこの眼だ。お前はいったい今どこに坐っているのか。」

僧は無言であった。

＊「境」は文字どおりには「区域」、「限界」で、サンスクリットのゴーチャーラーから出たものであろう。禅家では主体性を人《にん》といい、境は対する外界をさす。

四

趙州が南泉《なんせん》（七四八―八三四）と一緒にいたとき、彼がたずねた、

趙「道とは何ですか。」

南「平常心是れ道。」

趙「とくに向かおうとするべきでしょうか、その必要はないのでしょうか。」

南「要《い》らぬ、向かおうとすればそれから逸《そ》れる。」
趙「しかし、向かわなければ、どうして道を知りえますか。」
南「道は知と不知に属さぬ。知識は錯誤であり、不知は虚無である。人が真に疑惑の影だになき道に達すれば大虚のごとしだ。カラリとして、どこまでも澄みわたっている。向かう向かわぬといった是非など微塵《みじん》もない。」

趙州は言下に悟ったのである。

五

趙州がある時たずねた、

趙「(ほんとうのものを) を知りえた人はいったいどこに去り行くのでしょうか。」
南「その者は山麓の一農家の牛となる。」
趙「ご指示まことにありがとうございます。」
南「昨夜、三更《さんこう》、月窓《つきまど》に到《いた》る。」

六

衢州《くしゅう》の子湖利蹤《しこりしょう》が、真夜中に僧堂の前にあらわれて、「夜盗だ」と叫んだ。僧たちは驚いて、右往左往した。和尚は、裏門で一人の僧を捕えて、主僧に向かって、声高に叫んだ、「夜盗を捕えたぞ。」つかまえられた僧は「和尚、私は泥棒ではありません。」といった。「それはそれだが、ただお前がわからぬだけだ。」

七 雲際師祖が、南泉のもとで修行していた時、こうたずねた、「摩尼《まに》珠《じゅ》は、人識《し》らず、如来蔵《にょらいぞう》の裏《うち》に収められてあると聞きます。この蔵《ぞう》とは何ですか。」

南泉は答えた、

南「お前とともに往《い》ったり来たりしているもの、それが蔵だ。」

雲「往ったり来たりせぬものは何です。」

南「それもまた蔵だ。」

雲「摩尼《まに》とは何です。」

南泉は「師祖」と叫んだ。

「はい」と彼は答えた。

南泉はいった、

「去れ、お前はわしの言葉がわからぬわい。」
師祖はここで悟入したのである。

八　僧継宗が雲居智《うんごち》に、禅の教義を特色づけるものと考えられている「見性成仏」の意味をたずねた。

雲居智は次のごとく答えた、

「性とは本来純粋、この上なく寂静、まったく煩雑《はんざつ》を離れ、存在と非存在、清と濁、長と短、接と離等の範疇《カテゴリー》に属さない、それは寂静そのものである。人がそれを明らかに洞察しうれば、その人の自性を見性したのである。自性とは仏陀であり、仏陀とは自性である。それゆえに自性を徹見することは仏陀となることである。」

僧「自性が本来清浄であり、存在とか非存在とかの属性がないならば、見るということがありえようはずはないではないか。」

智「見るということがあっても、見られるものは何もない。」

僧「見られるものがなくて、どうして見ることがありえようか。」

智「見るということ自体もない。」

僧「この見るという場合、誰の見るですか。」

智「見る者は一人もない。」

僧「それではわれわれはどこにいるのです。」

智「いるという観念が虚妄《きょもう》の思惟《しい》の産物だということをお前は知っているのか。見るということのゆえに主と客とがある、ということは誤りである。（二元的に考えられた）見ることが存すれば意見の相違が生じ、人間は『生死』に落ちる。が、明らかに見性した者の場合はそうではない、終日見つくして、しかも何ら見たものはない。見ることには実体も現出もない、それには作用も反作用もない。ゆえにそれを見性という。」

僧「自性はどこに遍在しますか。」

智「自性の遍在しないところはない。」

僧「凡人といえどもそれをあたえられているのでしょうか。」

智「自性の現在しないところはない、とすでにいった、凡人にも現在しないわけがあろうか。」

僧「ではなぜ、仏・菩薩が生死の束縛をうけないのに、平凡な一般人のみがその束縛をうけるのですか。これは仏性遍在（の事実）と矛盾しはしないか。」

智「愚かなるかな凡人は、自性が本来清浄にもかかわらず、そこに作用と反作用との対立を想像し、これがために『生死』に落ちる。仏陀と賢者は自性の純粋性（清浄本然）には存在・非存在の別が存しないという真理を十分認めているがゆえに自動も反動も起こらない。」

僧「そうだとすれば、ある人々は正覚を完成している（原注―開悟または悟達している意味）が、ある人々は完成していないのです。」

智「完成というべきものはない、いわんや完成している者などはない。」

僧「究竟の真理とは何ですか。」

智「簡単にいえば、かく考えるべきだろう、清浄本然には凡夫も聖者もない、完成した者も不完成の者もない。凡・聖は名辞である。そなたの理解がものの名にもとづくならば、そなたは『生死』に陥る。名称は準備的なもの・実在性のないものと知れば、名称に相当する人格などはないことがわかるであろう。」

智はさらにいった。

「ここでわれわれは最後の所に来た。もしここで『自分は完成した者だが彼らはそうではない』といえば、われわれは重大な誤りを犯すのである。いま一つの重大な誤りは、見る、、ことに浄・穢《え》・凡・聖の別があると考えることだ。しかし、もしここでわれわれが、凡夫と聖者のそれぞれの了解には何の差別もないものだという考えをするならば、それは因果の法則を無視するものだ。さらに重大な誤りは、本来清浄の自性に住所があるという見解である。住所がないと固執するのもまた、重大な誤りである。清浄の自性には動揺する何ものもないが、しかもその無所に規準と能動性が具備され、これが寸分も休みなく活動しつづけている。ここから大智と大悲が動き出るのだ。これらのはたらきが生ずるところに、清浄自性の充実が存する。これが人々の見性成仏であるのだ。」

九　福州の玄沙師備（八三五―九〇八）は雪峰の高弟の一人である。ある日、彼は蕪菁《かぶら》を取りあげ、一人の僧にたずねた、

「これは蕪菁だ、何かいってみろ。」

百人余の僧がいて、大勢が和尚の挑戦に応じたが、誰ひとり和尚を満足させえなかった。後刻、玄昌《げんしょう》が現われていった、

「和尚、自分はたべます。」

「何をたべるのだ。」

「蕪菁をたべます。」

この言葉は玄沙をたいへん満足させたのであった、

「汝これを知る、汝これを知る。」と。

和尚は続けて、

「わしはお前たちに、何をたべるつもりかを、しばらくたずねてきたが、お前たちはわしのいうことがわからなかったとみえ、それをただ議論の主題にしようとしていた。そんなことをやっていたら果てしがない。今お前たちにわしは急いでいうが、お前たちは一語を受けたらその『究極の意味』（大意）を知らなければならない。たべるときにはたべ、働くときには働く。これ以上明白なことはない。黒は黒、白は白だ、わしは終始一貫してこのことをお前たちに銘記させようとしている。また、白中に黒といい、黒中に白というにも躊躇はない。ぐずつくな。ぐずついていてはだめだ。一日中、一分ものがさず、わしはお前たちにそれについて悉《ことごと》く教えてきたのだ。だが、お前たちはちっともよくなってはおらぬ。『境《シチユエーション》』を表現する一語を幸いにも見つけたと、ゆめ思うな。道《い》い得てもそれは普通の出来事でしかない。けっして常軌を脱したものではない。しかし、こんな工合に相続すれば、そなたたちはまったく自由で自在、高低跳躍自在である。されば、もはや歩行を学ぶこともいらぬ。」

山から戻った一人の僧が蕪菁を示して和尚にいった、

「和尚はこれに対して何といわれますか。」

玄沙はいった、

「おお、お前、たべるがよい。」

「たべてしまった蕪菁はどうなるか。」

と、僧がたずねた。

「お前も満腹、わしも満腹した。」

これが和尚の答えであった。

一〇　玄沙の示衆の一つにいわく、

「お前たち、一は一ならず、多は多ならず、わかるか。わからないというも不是《ふぜ》、わかるというも不是だ。お前たちはどんな悟りをもっているのだ。悟りありというも如是《によぜ》、悟りなしというもまた如是である。禅を解しがたくする何の理由もないではないか。見る、感じる、知る——感覚は不変である。お前たちはかく語るとき、何をあらわすつもりだと考えるのか。了々としてただ知るべきは、事物は結局絶対の一《アブソルート・ワンネス》、だということだ。」

一人の僧がたずねた、

僧「『一』とは何ですか。」

玄「『多』だ。」

僧「『多』とは何ですか。」

玄「『一』！」

僧「仏心とは何ですか。」

玄「感覚的存在（有情《うじょう》）の心。」

僧「有情の心とは何ですか。」

玄「仏心。」

僧「私の自己《セルフ》とは何ですか。」

玄「自己をどうしたいのかい。」

僧「私はあなたと今向き合っているではありませんか。」

玄「わしはお前をいまだかつて見たことがない。」

僧「この玄沙寺のほんとうの和尚は誰です。」

玄「お前だ、わしは客だ。」

僧「どういうわけですか。」
玄「お前は何を問うているのだ。」

Ⅲ　悟り

1

禅を理解するには悟りという経験をもつことが肝要である。これなくては、人はつねに逆説の形であらわされる禅の真理を正しく見ることができないからである。


「雪がすべての山を白く蓋《おお》うているとき、何ゆえにある一つの山は蓋われずにあるのか。」

「清浄の行者、涅槃に入らず、破戒の比丘、地獄に堕ちず。」

「我の知っていることを汝は知らず、汝の知っていることを我はことごとく知る。」

「柱が終日動きまわっているのに、どうして私は動かないのか。」

「大力の人がどうして彼の両脚を挙《あ》げることができないのか。」

これらの叙述はすべて、論理的合理性のわくに当てはめられることを拒む。それを会得するためには悟りが必要である。禅匠は事実かかる言句を故意に提出して、その心のはたらく範囲が、日常常識の経験を超越することのできない人々を混乱させるのである。悟りが得られたならば、かかる非合理性は終息して、論理と常識のレヴェルにまた還ってくる。猟師は山へ入りきってしまっているからかえって山を知らない（猟師山を見ず）といわれる。山脈の起伏全体を見るためには空中に高くいなければならない。悟りはこの芸当に成功して、人をその環境から切り放し、全域を展望させる。しかし、これは、悟りが終始彼を悟りのはたらく世界から放しておくという意味ではない。それでは悟りを二元的に解釈することになる。というのは、悟りは超越的であると同時に、内在的であるからだ。悟りは事実、主体が客体、客体が主体である点にはたらくからである。あるいは、こうもいうことができる。この同一性《アイデンティティ》がなければ悟りはないと。悟りの場合には、内在的なものが超越的なものであり、超越的なものが内在的なものである。猟師は山の外にいると同時に山の中にいる。彼は山から一歩も出ていなかったからである。

けれども、悟りは単なる知的鍛錬でもなければ、対立物が論理的に明白になり、合理的な命題に転化させる一種の弁証法でもない、ということを知っていなければならない。悟りもキエルケゴール（Kierkegaard）がいうように、実存的であり、弁証法的ではない。それは論理的公式と抽象作用によってはたらくものではない。それはそれ自体具体的な事実である。橋は流れて水は流れずというとき、それは悟りの人にとっては、逆説《パラドクス》ではなくて、彼らの生きた実存的経験を直接言葉にしたものである。キエルケゴールはいう、信仰は実存的飛躍だ（Faith is an existential leap）と。悟りもそうである。信仰（という言葉）にはキリスト教的ひびきがあるが、悟りは特にいえば禅的である。自分の見解では、両者は経験的には同一視できると思う。

われわれに本来的直下《じきげ》に与えられているものは何か。それは原子などに分析しつくすことのできない未分化の場（continuum）である。この未分化の場をわれわれが「体験」すると、それは無数無尽の原子に分化するのだ。これは感覚の限界性と意識の構成にもとづくのである。普通にわれわれはこの事実を反省しないで、感覚的・知的な経験の事実を最終事と考えて、日常生活を続けている。けれども反省する人は、概念の世界をつくりあげ、その中で一つの未分化の場というものを概念化してしまう。しかしこれは知的分別の結果であるから、コンティニューアムはそのままの姿で多くの人々によって了解されえないのだ。それゆえ、われわれにとっては、神は直接経験の対象ではない。神は論理的な過程によって推測される。神は考えられるが、見られていない。考えることから見ることへ（の間）は連続した過程ではない。一つの飛躍《リープ》である。部分部分の原子的経験をいくら重ねても、具体的な全体としての未分化の場はいっこうに経験事実とはならない。具体的全体はそのままに直覚されるべきである。全体は蓄積によっては理解されない。蓄積によって得た全体は加えられた部分にすぎない。この加算をいくらつづけてみたところでそれは依然として無限に追加していくのみである。包摂的全体は、具体的な全体そのものとして、直接把握されなければならない。しかし、その把握の仕方が、諸部分、原子的諸部分を把握する仕方ならば、それは全体たることをやめて、全体の一部分に転化してしまう。この部分として把えられた全体は無限に発展する総体性として、思惟的に規定されるわれわれの了解力では、永久に把えられないものである。分割されず、分離されず、無限に累加しうるが、しかも理解力の具体的な対象としての未分化の場は、特殊性の世界に属することはできない。それは別の次元の存在に属し、それ自身一つの世界を形成し、それに到達するには、単に感覚的・知性的な日常生活の経験を超越すること、すなわち、実存的飛躍《エキジステンシアル・リープ》をすることに、よるのみである。これが悟りである。

かくして、悟りは未分化の場を未分化のままで会得することであり、分別や限定にゆだねるものではないのだ。しかし、このように悟りのあるがままの対象として会得される未分化の場というものが、日常経験の個々の事象と相対立するものと判断してはならない。こういうものの考え方をすると、悟りはもはや悟りではない。それは感覚経験の一つになってしまい、本来具有底の未分化の場の上に新しい別の未分化の場をつくることとなり、かくしてこの過程を無限に繰り返さなければならないであろう。

いま一つ記憶しておかなければならない肝要事は、悟りは、未分化の場というものを、未分化のもの、未限定のものとしてばかりでなく、同時に無限に分化し限定せられてゆくものとして、受け入れるということである。これは悟りは、けっして感覚・知性の世界と矛盾するものでなく、その諸経験をけっして否定せぬ、という意味である。鋤はわが手中にあるが、わが手は空であるというとき、鋤が現に両手にあるという事実と矛盾するという意味ではない。空手と、把《は》鋤頭《じよとう》という各々の経験が、ものの全体において相通じているのであり、この全体に通ずることにおいて初めてそれが意味を生ずるのである。悟りによって日常経験の諸事実を否定するのは、それによって、神の手もまた鋤を持っていることをわれわれに自覚させんがためである。悟りによって、鋤を持つのは神の両手であり、わが両手ではない、と自覚するとき、わが果たすどの行為も自己以上のものに直接相通じ、その意志を反映してくる。それゆえキリスト教徒はいう、「御意《みこころ》のままを成し給え、我が意のままを成さんとにあらず」と、キリスト教は比較的に倫理的であり、常識的経験を否定してものをいわない。この点、悟りは仏教の一般的な特性、とくに般若哲学の特性を反映する。般若（最高智）は一切を否定することからその思考を始める。しかし、その思想は一つの哲学体系をつくるためではない、われわれを一切の利己的衝動と恒久観念から自由にするためである。なぜかというに、これらのことが人類の悲惨の根源であり、知的にはまったく制しがたく、精神的にはまったく不健全である。それらは無明《アヴィドヤー》より生じたものであると仏陀はいう。悟りは自覚《サムボディ》（正覚という）であり、無智と暗黒の正反対である。正覚は経験の諸事実を霊性的に解明することに存し、それを否定したり拒棄したりすることには存せぬ。未分化の場を照らす悟りの光は、また差別と雑多の世界をも照らす。この意味をもって仏教徒が差別と平等は同一だと主張するわけである。

「一粒の芥子《けし》よく須弥山《しゅみせん》を蔵す」とか「一掬《きく》の水の中に人魚たちが心ゆくまでに踊る」とかいえば、哲学的精神をもった人々が真摯に思索するには、あまりに大ぎょうにひびくかもしれない。しかし、諸君が悟りを得たならば、これらの奇跡は諸君の生活の時時刻刻に演じられているものになる。キリスト教を、少なくともある点において、かつ最も深刻に区別するものは、奇跡に対する解釈の仕方である。仏教者とくに禅者の生活は奇跡の連続である。彼らはキリストのようにある特殊な場所・ある特殊な時間に奇跡を行なうのではない。キリストが多量の魚とパンをつくりだしたのはエルサレムであり、多くの悪鬼を追い出したのはゲルゲセネスその他の場所であった。キリスト教徒はキリストのかかる行為以上に出ることはできない。彼らは自分の全生涯を一大奇跡に変ずることはできない。讃岐の庄松（一七九九―一八七一）は、キリスト教が時ならず日本を蹂躙《じゅうりん》するようになるだろうと注意されたとき、「私はそれを別に気にかけない。どんな宗教だって、多くの罪業深き魂を仏陀に変じる宗教以上にすぐれた宗教はない」といった。これこそ奇跡的な出来事ではないか、われわれ罪深き人間が、ことごとくこのままで、開悟者に変ずるということは。仏教ことに禅は、悟りを通じてこの奇跡を行なうことを誇りとするのである。奇跡は仏教語では不可思議解脱《アチンチヤ・モークシヤ》といわれる。

人は問いたずねるかもしれない、「どうしてそんな奇跡が一片の悟りによって成就しうるだろうか。知的に、肉体的に、道徳的に、そしてその他あらゆる点で制限をうけているわれわれ人間が、そんな驚異中の驚異をどうして成就することができようか」と。もし悟りが、眼で見、耳で聞くと同様、特殊な精神の能力でいとなまれる特殊な行為だとすれば、それはけっして未分化の場を会得するというわけにはゆかないであろう。そのようにして領解された未分化の場は、多くの対象物中の一対象、多数中の一知性によって特殊化されたものであり、コンティニューアムそのものの中に消失するであろう。そこには依然としてなお会得すべき別のコンティニューアムが残される。悟りそのものについていえば、それは直覚という行為または形式となる、禅はこの種の奇跡を別にもちだすわけではない。悟りの場合には、未分化の場は知性作用や差別作用の過程にしたがうものではない。それは概念ではない。もっともわれわれはそれを概念であるかのごとく語らなければならないが。悟りとは未分化の場が未分化の場を意識するのである。未分化の場が未分化の場そのもの一枚になりきったことを自知する、そこに悟りがあるのだ。ゆえに悟りの中には主体・客体の別はない。覚知せられたものが覚知《パーシピエント》そのものであり、覚知は覚知されたもの以外のものではない。両者は完全に同一性の状態にある。同一性《アイデンティフィケーション》という言葉そのものすら、直覚作用によって同一化された二物を仮定する、という誤解に導きやすい。ゆえに悟りと直覚を混同してはならない。太初《はじめ》から二は存しない。神が分裂して、神にあらず、しかも神なりと自覚するに至ったのは、人間の知的作用のためであった。それゆえに、禅は否定から始まる。つまり、知識の否定から、根本的に分裂作用の制約をうける人間的経験と矛盾することから、出発する。こうすることが、神が神のままであり、非神になるいかなる行程も始まらないところの、神性の底知れぬ深淵に達する唯一の道であるということを、禅は悟ったのである。われわれが今、直覚とか同一性とかいうことを語ることはできないので、ただ絶対的な自己同一性《セルフ・アイデンティティ》の状態があるのみである。それを指示し、暗示するきわめて雄弁な方法は、沈黙であろう。が、人間的な見方からされる沈黙は、ややもすると、あらゆる種類の誤解、したがって虚偽に陥りやすい。かかる理由で、禅は次のような逆説にたよるのである。


「私は終日汝に相対していて、劫初以来会ったことがない。」

「私は釈迦《しゃか》の出現以前から悟りの状態にある。」

「看《み》よ、東山全嶺が水上を歩いている。」

ある僧が師にたずねた、

「いかにすればこの真夏の酷暑を避けられましょうか。」

「なぜ、沸きたつ湯の中に、燃えさかる炉の中に飛びこまぬのか」と、師はいった。

「どうしたらこの暑熱からのがれられましょうか」と、僧はなお執拗《しつよう》にたずねた。

「涼風が静かな海を吹きわたる」と、師はただちに答えた。

これらの禅的表現には感覚的・知的経験と矛盾する意図はない。それはむしろ悟りの最も自然な言詮である。あるいはこうもいうことができる。これこそ、われわれの経験を再肯定する禅の方法である。事実、こういう言葉は知性にもとづく、かたよった、そして歪められた観点から発したものではなく、一つの全体的見地から出たものだ。その見地においては、実在が、個々の実体と差別の面から把握されると同時に、無差別・無限定のコンティニューアムとして把握されるのである。悟りによって得たこの境涯にふさわしく、禅匠は何ら神秘も奇跡らしいものもない尋常の人である。彼は少しも市井の人と異ならない。慣習にしたがって物をいい、人らしく感じやすい人間としてふるまい、普通人と同じように飲み食いする。

長慶稜（八五三―九三二）がある時、大衆の前に自分の拄杖《しゅじゅう》を示していった、

「これがわかったら、お前たちの禅修行は終るのだ」と。

これは実に簡単明白なことではないか。禅はまさに一本の杖のことである。それを知るときは未分化の場を知るのである。そこに些《さ》の不思議もない。

一僧が道吾智《どうご》（七七九―八三五）のところへ来てたずねた、

「あなたが最後に到達した最深の秘密は何ですか。」

道吾は椅子からおりて来て、客に一礼していった、

「せっかく、遠い所をよくおいでなされたのに、何のおもてなしするものもないのは残念です」と。

これはわれわれの間でもごく普通の応待ぶりではないか。これが「光あれ」という神の命令から光がひらめく以前に道吾が得た、最も深い悟りなのであるか。

龍潭信は天皇悟《てんのう》（七四八―八〇七）のところに三年間いたが、彼が期待したように禅の教えを得られなかったので、和尚にたずねた、

「ここへ参ってからだいぶたちましたが、精神上の教えについてはまだ一言も得ておりません。」

「お前がここに着いた時からずっとわしは心要を指示しているではないか。」

龍潭にはこの言葉がわからなかったので、かさねてたずねた、

「今までにいつ、そうしたことが私に伝えられたのでしょうか。」

和尚の答えはこうであった、

「お前がわしのところへ茶を持って来れば、わしはそれを喫するではないか。お前がたべものを持って来れば、わしはそれを受け取るではないか。お前が礼拝をすれば、わしもそれをうけて礼拝し返すではないか。心要指示の上で間違ったことをしたか。」

龍潭は黙然として、ややしばし師の言葉を考えていると、和尚はまたいった、

「お前がそのことを見徹しようと思うならば、直下《じきげ》にそれを見ろ、考えこんだりしていれば肝心の点を永久に逃がしてしまうぞ。」

この言葉によって弟子は禅の真理を悟ったといわれる。まことに注目すべき話である。最も無知な、ある意味で「無宗教な」、われわれ日常生活の事柄が、深い精神的意義をもつ事柄に変ずるのである。在天の神が地上に降《くだ》って来て、親しくわれわれと語り、われわれに話しかけるのである。禅匠が彼の杖に超自然の変化《トランスフオーメーション》をほどこし、それを龍と化し*、その龍が全宇宙をひと呑みにしてしまう。しかも一方において、この拄杖は多くの取るに足らぬような日常瑣事《さじ》となって、それらの間に何の不都合もない拄杖なのである。


*彼の杖を龍に化し、その龍に全宇宙をひと呑みさせたのは雲門である。「雲門拄杖を以

て衆に示して云く、拄杖子化して龍と為り、乾坤を呑却し了れり。山河大地、いずれの処よりか得来る。」

ここでは神は多くのものにとって、恐れおののかせる権威あるものとしてではなく、どこまでも親しむべきなつかしい・近よりやすい・愛すべきものとして現われる。悟りを得て天の天涯、地の地涯に通達し、渾沌たる未分化の場の中に真逆《まつさか》さまに飛び込むというと、人はきっと、それはのんべんだらりとした日常の生活を超越したもの、と考えやすい。しかし、龍潭と天皇悟の逸話によっても明らかなように、悟りというものは、われわれがすでに手の中に持っているもの、何か一文不知の田舎者にもなんなくつかめそうなものとして、われわれに対面するのである。

白雲端《はくうんたん》（一〇二五―一〇七二）は、龍潭に与えた天皇悟の「精神的」教訓（心要）に関し、次の詩を作った。

一度《ひとたび》素衣を拋擲《ほうじやく》し去って、師の下に来たる、
苦汁辛酸を嘗《な》むる、いかに貴《たつと》きことぞ、
弟子は恭《うやうや》しく茶を献じ師は合掌してこれを受く、
この間の消息、親《しん》を尽くして余すところ無し。

測らずもある日、過ぎし三年の事どもを顧みれば、
こはいかに却《かえ》って、街頭の餅《もち》売りに大いに笑倒せられたることを。

2

永遠が時間のまっただ中に切り込んだとき、悟りは得られる。それは結局、時間が永遠の中に融けこむというのと同じことになる。

時間は差別即ち分化・限定を意味し、永遠は平等即ち無差別を意味する。永遠が時間の中に突入してゆくことは、平等と差別が互いに相即しあうことである。『華厳経』の用語を使えば、いわゆる理（全体）と事（箇物）の相即相入である。しかし、禅は概念的思考にも、いわゆる「実存的思惟」にも関わらないから、悟りは、意識が‘one thought’（一念）の状態を実現したときに起こるといってよい。日本語で「一念」、梵語でekakṣaṇa《エーカクシヤナ》というのは、できるかぎり最も短くした時間の単位である。ちょうど、英語を話す人々が‘as quick as thought’（思念のごとく早く）というのと同じその thought すなわち「念」は、‘one instant’（一瞬間）をあらわす。すなわち、些《さ》の猶予もない絶対の一点に帰する時をあらわす。梵語のkṣaṇa《クシヤナ》（刹那）には、想念と瞬間との両方の意味がある。時が猶予を許さぬ一点に帰するとき、それは「絶対的現在」（absolute present)、「永遠の今」(eternal now) である。実存的な思惟の観点からは、この「絶対の現在」は抽象でも論理的無でもなく、むしろその反対に創造的生命力《クリエイティヴ・ヴァイタリティ》をもって生きているのである。悟りはこの事実の経験なのである。仏教学者はしばしば「一念」を過去も現在もない一点の時と定義する。すなわち、「一念」は永遠が時間に切り込まれたところであり、この瞬間的出来事の生ずるとき、それを悟りというのである。

　悟りは意識の流れを止めていないことはいうまでもないが、往々それは誤って考えられている。この誤りは、samādhi《サマーディ》（三昧）を悟りの経験の準備と考え、したがって（三昧）を想念の停止――心理的にまったく空白状態、他の言葉でいえば死、と混同することから起こる。永遠はそれ自体の中にとどまるかぎり、すなわち、他の一般化した観念のごとく単なる抽象にとどまるかぎり、死の状態を呈するものである。「永遠」が死物でなくて生きているかぎり、時間の秩序の中に入り込んで、そこで全能力を発揮するのである。これに反して、時間が時そのものだけにとどまるかぎり、何の活動分野も存しない。時間は「永遠」の中へ併呑されて、初めてその意味を獲得する。「永遠」は「時間」なくしては無能力であるが、ちょうどこれはそのまま、時間ひとりでは非存在であるということにあてはまる。時間という観念が成り立つのは、永遠を生きるこのわれわれの現実の場においてこそ可能なのである。生きているこの一瞬一瞬が永遠の足あとなのである。それゆえ、永遠を把握するためには、意識は、永遠が時間に踏み入ろうとしてまさにその足をあげた瞬間、目ざめなければならない。この瞬間が「絶対的現在」あるいは「永遠の今」ともいわれるのである。それは後に残る過去もなければ、先方に待つ未来もない、時間の絶対の一点である。悟りはこの一点に立つが、この一点から潜勢力《ポテンシャリティ》がまさに活躍せんとするのである。悟りは死から現われない、それはものが生きてくるその瞬間なのである。という意味は、悟りはそれ自らを生きるがゆえに「生命《ライフ》」であると、いうことである。

実在《リアリティ》を二岐《ふたみち》に分けるのは知性のはたらきであり、なるほどこうしたやり方でわれわれは実在を理解して、それを実際生活に利用しようとする。しかし、これは心の満足するまで実在を理解する方法ではない。二岐に分ける作用の助けによって、われわれは実在を扱い、それを身体的・知的要求のためにはたらかせるが、実のところ、それはわれわれの最も内なる心の要求に訴えるものではない。後者の目的のためには、実在を経験するや否やそれを把握しなければならない。たとえば、時間と空間にあてはめることは、それを殺すことである。このことは、実在を理解する場合にあたって、人がこれまで犯してきた根本的な誤りである。知的覚醒の初めにあたって、人は空間と時間のわく内で実在を処理するという放れ業《わざ》をやったと思った。実際はそれが人間の精神的悲劇を準備しているものだとは、けっして思い至らなかったのである。

事物は、空間の中に発展し、時間の中に生滅するように出来ている。かくして、多様性の世界が考えられる。空間的には、最も遠い極限を見ることはできないが、時間的には、事物の始めと終りを固定しようとするが、結局、科学者や哲学者の努力は否定せられることになる。かくして、人間は自分でつくった虚構の体系の虜《とりこ》となってしまうのである。しかも人間は最も不満にみちた虜であり、その不運を狂おしげに叩きまわるのである。われわれは空間と時間によって事物を体系化してきたが、空間と時間という観念ほど混乱を起こしやすいものはない。空間は時間ではなく、時間は空間ではない。無限に伸びる空間のひろがりというものは、けっして不断の時間の転変と調和するものではない。したがって、世界というものの空間的概念は、事物を絶対者に固定させておく傾向があるし、また、時間というものから解釈された世界は、われわれを、最も不快な不安という心理のわくに閉じこめるのである。われわれは永遠的なものを熱心に求めて、しかも、永久に有為《うい》転変の状態に屈従しなければならない。せいぜい六、七十年の人間の生命というものはいささかも満足すべきものではなく、この短期間にわれわれの成就しうる仕事の量も大したものではない。個人に換えるに国民をもってすれば、比較的に長いかもしれないが、ミレニアム（千年期。キリストがこの世に君臨すべき一千年間。黙示録に出ている。）の幾周期という超時間に比すれば、個人と国民の時間の長短も五十歩百歩であろう。人間の文化というものはそれにくらべると比較的に持続するし、また多少価値あるように見えるが、われわれが茫漠たる空間と無限の時間に包囲されているとすれば、あらゆる哲学者・芸術家をもってしても、あらゆる将軍・戦術家をもってしても、それはたかの知れたものではないか。消えてゆく泡沫や流れる星に似たようなものにすぎぬではないか。

けれども、悟りの人は、こんな事柄を一切念頭におかないのである。悟りは「絶対的現在」「永遠の今」にしっかり足をつけて立つ、そこでは時間と空間とは合一し、しかもそこからまた分かれるのである。時間と空間は、この「絶対的現在」「永遠の今」において、いわば一切の未来性と可能性を抱いて睡《まどろ》んでいるのであり、両者とも、ここではその成就と展開を圧縮されているのである。「絶対的現在」にどっかりすわりこんで過去を吟味し、未来を静観することは、悟りの特権である。禅匠がいかにこの特権を享受するか、われわれのたずねたいところである。雲《うん》門《もん》（?―九四九）があたえた次の説教は、雄弁にこの点を説明している。第十世紀の雲門は雲門宗の創設者であり、老練な唱道者《エクスポネント》の一人である。彼は次のごとく述べている。

「私は十五日という今日以前についてはお前たちにたずねているのではない。十五日という今日以後について、さあ一句をいってみろ。」

かくいいつつ、彼は「日日是好日」という、自分の「一句」を与えた。これには二、三注釈の言葉を要する。周知のとおり元来、中国語ははなはだあいまいである。文字どおりには、それは「十五日已前《いぜん》は汝に問わず。十五日已後《いご》一句を道《い》い将《も》ち来《きた》れ」（十五日已前不問汝、十五日已後道将一句来）と読む。しかし、雲門が「不問」というこの問わぬ主体とは、いったい何なのか。また、「一句」を道《い》い将《も》ち来れという主題はどこにあるのか。何も分別されていない。実際、かかる分別はここではいらない。雲門の欲するところは、絶対的な「十五日」そのものを把握させようというのである。絶対的十五日は、未来の十五日間はもちろん、過去の十五日間からも全然切り放された絶対的現在のことである。「十五日」を真に把握した者こそ、雲門の求める「一句」を与えることができるのである。

雲門自身の「一句」は「日日是好日」である。これは、奇《く》しくもエクハルト（Eckhart）の乞食の挨拶《あいさつ》「朝な朝な好《よ》き朝である」に当たる。このエクハルトの挨拶はありきたりの「グッド・モーニング」に応じてなされたものである。雲門の叙述はそれ自体簡単で、はなはだ平凡に思われるが、この語が、いつ、またいかにして、絶対的「十五日」と関係あるのかは、ただちにはわからないかもしれない。この関係を跡づけようとすれば、多少論理的に解釈する必要があるかもしれない。雲門の句全体や要求は、皮相的に見れば至極無邪気なものに見えるが、事実は、合理的考え方一般に対する恐るべき挑戦である。禅は合理的考え方などを寄せつけず、論理と抽象とにかかわらないやり方をする。しかし、人間的にいえば、われわれはそれをうまく避けることはできない。人間的意識がいかに限られていても、人はできるだけ、表現できないものを表現しようと、最善を尽くすものである。

無明が現われてこのかた、人は実在を四分五裂させて、はなはだ喜んでいるわけだ。時間を分かって年・月・日・時・秒となし、この秒を分かって、幾百万の極小部分となす。しかし、実際的の目的のためには、一年十二ヵ月、一ヵ月三十日で十分事足りる。雲門と彼の弟子は、今、月の十五日というこの時間分割のぎりぎりの線上に立ったのだ。その線はそれ以前の十五日間にも属さなければ、以後の十五日間とも分類しえないものだ。過去はすでに過ぎ、未来はいまだ来たらず。その線はまったく時間なき「現在」という絶対線であり、幅をもたない空間的・幾何学的線のごときものである。しかし、実存するものとしていえば、絶対的「十五日」は、空虚な内容ではない、すでに述べたような一切の過去の行為と業績、未来に具現すべき一切の可能性を貯蔵しているものである。禅匠はいかにしてこの事実を表現するか。彼は弁証学者でもなく、形而上学者でもない。また、精巧な知性作用を扱いなれている者でもない。彼は過激な経験主義者《エンピリシスト》という意味で、至極実際家であり概念化を行なわない。雲門の「日日是好日」はそのいずれでもない所から発せられた。これは彼の悟りの観点から見た「絶対的現在」の表現である。そして、このような表現は経験から直接に出たもので、全然、知性によって労作されたものではなく、悟りの人々にのみ許されるのだ、ということを十分記憶すべきである。

悟りそのものに関するかぎり、過去十五日間および未来の十五日間ということをもちだすのは見当違いである。けれどもそれをいうのは、雲門の直接の語句に背景をあたえ、語句を一層明白にさせる、真実をとらえるための一種の囮《おとり》でさえある。この理由で、十五日に関する雲門の語句はとくに注目の対象とするにおよばないのである。その眼目とするところは、過去と未来に規定されない「絶対的現在」に聴き手の心を集中させるにある。これこそ一ヵ月を分けて、前の十五日間と後の十五日間の二つとする日である。もしそうならば、それは過去十五日間の一日とはいわれないし、後の十五日間の一つと考えるのも適当でない。過ぎしものはすでにここになく、来たるべきものはまだここにない。雲門の「十五日」は単に夢幻的なものであろうか。しかし、彼と彼の弟子のすべては、たしかに、あらかじめ暦できめられた十五日という日を生きているのである。弁証法的には非実存であっても、かかる真の「実存（existence）」に、「一句」をあたえなければならない。宋代の圜悟《えんご》はその『碧巌集』に、雲門のこの句を注して、その真髄を語る。

「雲門が過去の十五日と十五日以後をもちだして一句を道《い》えというとき、雲門は差別の世界を截断し、また、一切の決定した万物（万法）を坐断している。もしも人が言葉にかかわって、それに従って、彼のいったことを解釈しようとするならば、それは雲門の真底と没交渉のものにすぎない。」

単なる概念の小細工では、雲門にはとても到達できないのである。

雪竇《せっちょう》（九八〇―一〇五二）は、雲門宗に属する宋代の先駆的禅匠中の一人で、かつ偉大な文学的天才でもあるが、先人の「十五日」について次の頌を作った。

一を捨《す》て
七を取る
元来、上下四維に
一の七のとそんなに取捨するものは
ただの一つもない。(1)
徐《しず》かに歩み行って流れを踏断し
空をじっと仰いで飛ぶ鳥の跡を写し出す。(2)
水草ははびこり生い
雲は頭上に垂れこめている。(3)
洞《ほら》をめぐって花の降りそそぐところ
須菩提《スブーティ》は解空に耽《ふけ》る。
その「空寂」の理こそ憐れむに余りあるものだ。(4)
動揺することはない

ちょっとでも動揺すれば三十棒が飛ぶぞ。(5)

雪竇の短頌もまた不可思議であり、その意味を一般の読者に近づかせるためには、二、三の注釈がいる。

(1)この頌で、一と七という数字は、雲門の「十五」「十五番目」を想起させる以外に、主題とは関係はない。だから「一を捨て」「七を取る」に真意はなく、ただ、数に、すなわち概念に執着して、弁証法の網にがんじがらめにならないように警告を発するのが目的である。しかし、人がかかる執着と混乱から解き放たれるときこそ、仏陀がその誕生にあたって発したと伝えられる言葉のとおり「天上天下唯我独尊」である。

(2)「唯我独尊」の人の現われるや、彼はあまねく奇跡をはたらかす。しずかに流れの上をあるいて、水も無事にこれを支える。虚空を凝視して、飛鳥の跡を写し出す。けれども、これらは単に、彼が行なうさらに大きな、本質的に独自な奇跡を象徴するものにすぎない。なぜかといえば、彼はわれわれと同様、はなはだ散文的な・業《カルマ》に縛られた生き方をしているのであるが、その内的生活では、いささかも業に縛られず、諸法則につながれず、あらゆる意味において、自由であり、自己の主人であるからである。彼は「絶対的現在」をすでに把握し、外見上、その生活はわれわれと同じく、時間と時間的な諸限定の中に規定されているのであるが、実際は、そこで「絶対的現在」を生きつつあるのである。彼は、アダム（すなわち時間と空間）に死し、キリスト（絶対的現在）に生きる。彼は、燃えさかる火中にあっても焼かれず、大海の波濤に呑まれても溺れぬ。なぜか。彼は今や生命そのもの――時間と空間がそこから織り出される生命そのものであるからなのだ。

(3)悟りがそれ自身の世界を得るということは、一方同時に多様性の世界にもそれが見いだされるものである。事実後者（多様性の世界）を避けるような悟りなら、真の悟りであるはずがない。それは不活発・不内容の「空《シューニヤター》」とけっして同一物であってはならない。ゆえに水草はゆたかに茂り、雲は重く頭上に蓋《おお》うのである。悟りは多の世界・差別の世界の中でも活発に活動するものである。悟りは時間・空間と、それによって決定される事物をも超越していて、しかもそれらの中に存するものである。悟りは、時間・空間の差別の世界に浸透し、差別の世界と一枚になりきったとき、初めて大いに意義がある。

(4)神々その他一切の天上的な存在は、あらゆる現世的な束縛《きずな》と情意を離脱し、「空《くう》」に住んでいる「一人」に対して、純一無雑な尊敬の情を寄せるかもしれない。自我を否定し、現世を忘れて三昧に没入する苦行者としての須菩提《しゅぼだい》に、天から花をふらせるかもしれない。が、悟りはそんなところにはない。悟りは、むしろこれに反して、軽蔑しないまでも、憐愍をもってかかる一面的な超越主義《トランセンデンタリズム》や、寂滅絶対主義を見下すのである。

(5)この点にわれわれが動揺することは許されない。いささかの妥協も不可能である。悟りの道はわれらに先だって、あらゆる二元的な複雑性を一掃する。もしわれわれが、「絶対的現在」においてて悟りとともにまっすぐに進むことができないときは、まさに雪竇の三十棒に値するであろう。

3

次の話は、禅匠がその弟子を絶対的現在の生き生きした内容に導こうと努める方法を知る一助となるであろう。

馬祖（七〇七―七八六）が、ある日、弟子の一人の百丈《ひやくじよう》（七二〇―八一四）と散歩していたとき、一群の野鴨子《やおうす》（雁《がん》）が空を飛んで行くのを見た。馬祖いわく、「あれは何だ。」

百丈が答えた、

「雁です。」

馬祖は重ねてたずねた、

「どこへ飛んで行くのだ。」

「みんな行ってしまいました。」

馬祖は百丈のほうへ向きなおると、彼の鼻をひねりあげた。百丈は思わず悲鳴をあげた。馬祖はすかさず「飛び去ってはおらんわい」と。ここで百丈は省悟したのである。

翌日、師が大衆に説法をするため壇に上ったとき、百丈のこの体験が明らかに呈示された。百丈は進み出て、拝蓆《はいせき》（弟子が師にお辞儀するため師の前にひろげてある敷物）を巻きはじめた。この拝蓆を巻くのは通例、上堂の時間の終わったことを意味する。馬祖は席からおりて自分の部屋へ引きさがって行った。

馬祖は百丈を呼んで問う、

「わしが一語も発しなかったのになぜお前は蓆を巻いたのだ。」

「昨日和尚は私の鼻をいやっというほどひねられたので、痛くてたまりませんでした。」

「昨日お前の心はどこをうろついていたのだ。」

「今日はもう鼻は痛くありません。」

「なるほど、お前は『今日』の事を深く知ったわい。」

これが馬祖の証明であった。

「今日」は、ここでは「絶対的現在」を意味し、雲門の「十五日」に相当する。禅匠はこの今日をもって、的確に表現して、「即今」という言葉をしばしば使う。「即」とは、英訳しがたい語であるが、'just this'（まさにこれ）、すなわち、抽象的には'self-identity'（自己同一）という意味である。ゆえに「即今」は「まさにこの瞬間《モーメント》」であり、禅匠はしばしば「この瞬間の事は何だ」と要求する。馬祖が百丈の鼻をひねったとき、師の考えは弟子をして「絶対的現在」の事実を悟らせることであり、飛んで行く鳥を云々することではなかったのである。鳥のいるのは空間であり、飛ぶのは時間の中である。つまり、人は鳥を見ればただちに見る自分を鳥と空間的な関係におき、鳥が飛んでいるのを見れば、これまたただちに自分を時間のわくの中に入れてしまう。人が時間と空間の組織《システム》の中に入るや否や、すでに「絶対的現在」から一歩を隔てることになる。それはもはや自由に自己を規定する精神《スピリット》ではなくて、単に業《カルマ》に縛られ、論理的な心の人になってしまうことを意味する。悟りはけっしてこうしたあり方から出て来るものではない。ゆえに馬祖の無辺の大慈悲は彼を駆って百丈の鼻をひねりあげさせたのである。痛苦そのものが百丈の悟りと関連しているというのではなくして、この出来事によって、百丈の意識のわくをぶち破る機会があたえられたわけである。この意識のわくというものが彼の心を無理やりに時間と空間の規定下におき、その結果概念作用の支配の下においていたものなのだ。師の仕事はこれらの枷《かせ》を弟子の心から取り去ることにある。このため、彼の手段は否定や矛盾の語をつかう。すなわち「雨降って降らず」とか、「扇を扇と呼ぶな、鋤を鋤というな」などといいだす。これでもまだ知的作用の痕跡があるかもしれないが、鼻をひねったり、腰を蹴ったり、襟頸《えりくび》をつかんで振り回すなどは、精神的訓練などという臭みのまったくない事柄である。しかしその効果は再三禅匠たちから十分証明されている。百丈の場合の結果をあげればおもしろい。というのは、非常に劇的であったから。百丈が例の座蓆を巻いたことに関して、馬祖と会見して自分の部屋に戻って来ると、大声で泣いた。同門の僧が、どうしたのだ、とたずねた。百丈はいった、

「お前、師匠のところへ行って、おれがどうしたのか自分で聞いてくれ。」

兄弟弟子は馬祖のところへ行って、百丈のことをたずねると、師の馬祖がいった、

「お前すぐ戻って直接彼からそれを聞くがよい。」

その弟子は百丈のところへ戻って、再び彼にたずねた。しかし、百丈は答えるかわりに大声で笑った。その僧は狐につままれたようなおもいで、

「さっきお前は泣き叫んでいた、こんどはお前は笑っているとはどうしたことか。」

と問うと、百丈は平気の平左でいった、

「おれはさっき泣き叫んでいたが、今《かい》は笑っているよ。」と。

疑いもなく、百丈は師の馬祖に鼻をひねられてから深い心理的変化をきたしたにちがいない。彼は明らかに悟った、いつも時間概念に自由を奪われていた生活とは別の生活の存することを。時間概念下の生活はどうかというと、いつでも過去のかいなき事どもを思いめぐらし、そして未

来に起こるべき出来事を苦悩しながら、予想するという状態のものである。わめいても笑っても、もはや百丈は、少しも「絶対的現在」を見失うことはない。悟らぬうちは彼の叫びも笑いも純粋の行為ではなかった。それはつねに何か他の物がまじりあっていた。悟る以前の彼は、時間の意識が無意識に彼を駆って、前方を見よと命ずる、過去を考えていなかったとしても。その結果、彼は不必要に心を疲れきらせる緊張感に悩まされた。彼の心はそれ自体けっして完成していなかった。それは分裂し、ばらばらになり、「一つの全き心」すなわち「一心」または「一念」にはなりえなかったのである。心は安住の場所を失い、均衡と平静を失った。それと同じく、今日たいていの人々は神経病患者であり、論理的混乱と心理的緊張の被害者でない者はない。

4

一九四六年四月号の『ヒッバート誌』(*Hibbert Journal*)所載の「現在の意味」という論文において、筆者のエセル・ローウェル(Ethel M. Rowell)は「現在というものの中には一つの静寂(stillness)が棲《す》んでいる。これはわれわれが、今ここに、経験しうるものだ。」ということをいっている。この静寂、この時間なき時間とは「永遠化した瞬間」であり、すなわち、無限に発展する瞬間――「一にして無限なる一瞬」である。この筆者が「現在」の意味の特質を明らかにしたことは、本章で説明した悟りと関連して、はなはだ得るところのあるものであるが、しかし、筆者はその意味だけを単に述べているのみで、それ以上あまり深く立ち入ってはいない。結局、「現在」の意味とは、おそらく「常に現在している神が、われわれの中に反映する」という意味であろう。その神は自ら現在のまっただ中にある永遠であり、また、転変する世界の静寂の一点なのだ。そして、現在に安んずることを知ることが、おそらくは、「神の現存の実現」に近づく第一歩である、というのであろう。これは結構な試論にはなるが、そのまま悟りに向かって通じているとはいえない。現在に対する単なる感情だけでは、人をして永遠の中へ、全き現在そのものの中へ飛び込ませるに十分ではない。

　この感情には、なおいまだに二元的なものが残っているが、悟りは絶対的現在そのものである。その理由で、悟りの経験は時間の連続概念から生じる他の一切の経験と並行してゆくものであるから、百丈の「昨日は痛かったが、今日は痛くない」「さっきは泣きわめいていたが、今は笑っている」というようなことが起こってくる。痛いとか痛くないとか、泣くとか笑うとかいうような日常の経験に即して、その中から、人間の意識は未分化の時間《タイム・コンテイニユーアム》を織り出す、これが実在といわれるのである。この経緯が成就されると、意識過程はすっかり逆になって、われわれは自分の諸経験を時間というスクリーン上に築きはじめる。連続主義《シーリアリズム》がここに初めて起こり、われらの生活はそれによってみじめな束縛をうけるのである。絶対的現在は追放され、われわれはそれをもはや意識しない。過去を悔い、未来を思い悩む。泣き叫びは純粋の笑いではなくなる。そこには何か別のものがまじっている。すなわち、「現在」はその「無心さ」と絶対性とを失っている。未来と過去とが現在の上に横たわり、それを窒息《ちっそく》せしめる。生命は今や不具にされ、窒息したものとなる。

ある戒*律の師が一人の禅匠にたずねた、

「あなたの日常生活の規律は何か。」

禅匠は答えた、

「腹がへれば食い、疲れれば睡《ねむ》る。」

律「それは誰でも普通することだ。それでは単なる第三者でもあなたと同じように修行していることになるではないか。」

匠「いや同じではない。」

律「どう違うのか。」

匠「世人はたべるというが、ほんとうにたべてはいないのだ。その心はたべながら雑多な事を考えている。だから、わしと同じでないというのだ。」

＊ vinaya（律）はサンスクリットで、「道徳的規律」を意味し、仏教の三部門の一つを形成している。経《スートラ》は仏陀自身の教説であり、律は程度を異にした仏弟子に対する仏陀の定めた規則であり、論《アビダルマ》は仏教思想を扱った哲学的論文である。

ローウェル女史は、その論文の中で、戦時中、空襲後のロンドンの一婦人の話を引いている。「爆撃の一夜が明けてから、一人の婦人が砲撃されたわが家の戸口に幾度も行って、心配そうに往来をあちこち見ていた。一人の役人が彼女に近づいて、

『何か用ならしてあげましょうか。』

彼女は答えた、

『ええ、どこかその辺に牛乳屋さんはいませんでしたか。宅《うち》の人が朝のお茶が好きなもんですから。』」

著者は付け加える。

「過去は敵意あり、未来は頼みがたい、が、道づれとなるべき現在は彼女とともにそこにあった。人生は不安定であった。しかし……彼女の夫は一杯の朝の茶をほしがった。」

心から食ったり睡ったりする禅師と、夫の朝の茶のために牛乳をほしがるロンドンの婦人との間の唯一の相違は、一人は悟りをもっているが、一人はごく普通の人であるということである。

禅者は絶対的現在の秘密を深く見きわめている。この秘密はすなわちわれわれのこの現在の一瞬であり、また同時に全世界の一瞬でもあるのだ。しかし、この婦人をも含んだわれわれの大部分は、それを実際に経験し、またそれに対して或る感情をもっているにもかかわらず、まだそれについて何ら悟りをもっていないのだ。

『新約聖書』マタイ伝（第六章三十四）に、

「この故に明日のことを思ひ煩らふな。明日は明日みづから思ひ煩らはん。一日の苦労は一日にて足れり。」

とある。

イエスがここに述べた思想は絶対的現在の禅的な考えに、まさしく相応する。禅は独自の方法でその考えをあらわすものだから、その悟りはキリスト教の感じ方からまったく遠いようにみえるかもしれない。しかしキリスト教徒がその二元論的衣服を剝《は》ぎとられて赤裸になってしまえば、彼らの神が絶対的現在そのものにほかならないことを発見するであろう。彼らは一般に神をもって多くの倫理的かつ精神的な付加物をつけていると考えているが、事実はその付加物が彼らから神を遠ざけているのである。彼は裸で神の前にあらわれることを、すなわち、絶対的現在においで神を把握することを、何となく躊躇する。「絶対的現在」のキリスト教的知覚《センス》は、焦点が定まらず、悟りのようにはっきりしていない。つまり、あまりにも焦点がぼけているというか、あるいは、まだ時間継起の観念のなごりをぬけきっていないといえる。

5

禅は人間的経験のあらゆる面と関係するから、悟りに対しても、いろいろ名称をもっている。その中に「無所住の心」、「無所有の心」、「無住心」、「無着の心」、「無心」、「無念」、「一心」などがある。これらの名称はすべて通俗的な「心」という概念に帰するが、禅は実在としての心の存在を強く否定する。しかし、この否定は、知的判断の結果ではなくして、実際の経験にもとづくのである。精神や思想や物質の二元論的観念は、人間意識を毒して、自己をほんとうに理解することを妨げてきた。このために、禅は「無心」を主張することときわめて強い。しかし、これを必ずしも単に論理的に主張するのでなく、事実として主張するのである。「心」という観念に執着する意識の痕跡を拭い去ってしまうために、禅は種々の実践的な方法を用いる。馬祖の弟子の一人大珠慧海の『頓悟要門論』によれば、その一例は次のごとくである。

「汝もし了了として所住無き心を識らんと欲するときは、正《まさ》に坐するとき、この心を知る。一切の物を思量することなかれ。一切の善悪、すべて思量することなかれ。過去の事はすでに過ぎ去ったから、思量するな、過去の事はおのずから絶《ぜつ》するだろう。即ち過去の事無し、とこれをいう。未来の事は未だ至らざれば、願うことなかれ、求むることなかれ、未来の心おのずから滅《めつ》するだろう。すなわち未来の事無し、とこれをいう。現在の事はすでに現在すれば、一切の事においてただ著《じゃく》すること無きをのみ知れ。無著とは愛情の心を起こさぬことである。すなわち無著であるから、現在の心もまたおのずから滅するのだ。汝の心、かくて三世（過去、未来、現在）に摂せられないから、また、心は時間の中に無いといいうる（つまりそれは非時間ということであり、また、非時間の瞬間ということなのだ）。

汝もし了了としてこの心の在り方を知らば、住に在るとき只物に住するのみ、また住所も無く、また無住所も無い。無住であるときには、無住という特殊の住の意識もまた無い。もし自ら了了として明らかに心の一切処に住せざるを知らば（つまり思惟が何か一定の目的に定着されないならば）、すなわち了了として本心を見る、と名づける。これをまた、自己の存在の根底を徹見（了了見性）したというのだ。この全き無住の心こそ、仏心にほかならない（またこれを解脱心とも菩提心ともいうのだ）。」

この無住の心こそ絶対的現在である。即ち過去にも未来にも現在にもどこにも住家がない。この心は悟りに目ざめない人々が普通理解する心ではけっしてない。

大珠は『頓悟要門論』の中で「心がこの瞬間（刹那）に透徹するときには、その以前にあるもの、その以後にあるものがただちにこの心に示される。過去の仏がただちに未来の仏に面接するごときである。万物（万法）が同時に起こる。経文にもいう。森羅万象は一念の印する所、一切の事物を一つの思念において知る場合、これすなわち無生法忍を証す」という。これらのことは人間の心が絶対的現在に目ざめたときに可能となる。それは論理的結果としてではなく、悟りの意識である。

ここに澧《れい》州の龍潭寺の麓に茶店を営んでいた一老婆のおもしろい話がある。

三十棒で後に有名になった徳山（七八〇―八六五）が、良師をもとめて行脚の途上、たまたま、とある路ばたの茶店に立ちよった。彼は『金剛経』の学者であったが、心そのものが仏だという禅の教えをきいて、これをどうも納得することができず、ひとつ禅者に会見したいと思った。貴重な経（『金剛経』）の注釈を背にして、西蜀《しょく》の剣南の住居を出発した。

彼は件《くだん》の老婆に点心《てんじん》を所望した。点心とは少量の食物を空心（空腹）に点ずる意であり、文字どおりには、mind-dotting（心に点ずる）である。老婆は、彼の背の荷物には何が入っているのだとたずねた。

「これは『金剛経』の注釈だよ。」

と彼はいった。老婆は続けて問うた、

「わたしはお前さんに一つ問いたいことがある。もしお前さんの答えに得心がいったら点心を差し上げよう。得心がいかなければ、どこか他へおいでなさい。」

「よろしい、承知した」と、徳山がいった。

その問いはこうであった。

「『金剛経』には、過去の心は不可得である、現在の心も不可得である、未来の心も不可得である、とあるが、さて、お前さんは今ここでどの心をもってこの食物を点ずるのか。」

これには『金剛経』の学者もどうすることもできなかった。そこで老婆は徳山を追い出して、よそへ点心を所望に行かせた。

点心が、ちょっとした虫養い程度の食物を意味するようになった由来は私にはわからないが、老婆は賢明にも点心の「心」という文字を辛辣《しんらつ》に用いて、高慢な学者の心を袋小路に置いたのであった。しかしこれはともかくとして、『金剛経』の三世心不可得の句をどう理解したらいいのか、過去心、現在心、未来心とはどういう意味なのか、不可得とはどういう意味なのか。

悟りを絶対的現在において得れば、これらの疑問はおのずから解消する。時間の中で連続的に分割され発展する心や意識は、つねにわれらの了解から逸して、実在としてけっして得ることはできない。無意識的意識すなわち非思量とも称すべきものが、その非思量一枚になりきるとき、これ自身に目ざめるとき、われわれの眼は現在の非時間性に開くのであり、この非時間の中に、またそこから時間の差別面というものが繰り広げられて、初めて時間の真の性質を示現するのである。徳山が茶店の老婆に会ったとき、彼はいまだ悟りの真髄に触れていなかったので、老婆の問いが何を意味するのか理解できなかったのは当然である。「時」に関する彼の観念は、彼の愛読した『金剛経』の注釈から得たもので、それだから、彼の理解が論理的推論を越えることができていなかったわけだ。お経の注釈などから得たものと悟りとの間隔は全く測るべからざるものがある。その相違は比較しうる性質のものではなく、次元の差、質および価値の相違である。悟りと合理性との間のギャップは、けっして概念をつくりあげたり、仮説によったり、抽象論理や、その他あらゆる知的作用によるものによって橋渡しできるものではない。理性そのものの絶対否定によってできるものであり、この理性の否定とは「実存的飛躍《エキジステンシャル・リープ》」を意味する。

6

悟りの別名は見性《けんしょう》、「自己の本質を見ぬくこと」である。このようにいえば、人間にはその存在をつくりあげている本性とか本質とかいうようなものがあって、この本性がこれと対立する誰かに見られる、という考えを暗示するかもしれない。すなわち、見るものと見られるもの、主観と客観、主と賓が存する、と。こうした見解は一般に多くの人々のもつところである。というのは、人間の世界は合理性によってつくりかえられていて、そこには事物がつねに対立し、この対立によって人は考え、その考えが逆に投射されて一切の経験界となり、したがって、両断されたこの世界は無限に倍加していく。これに反し、見性はかかる考え方とは逆である。つまり一切の二元論を終結せしめたものである。これは実にわれわれの経験を根底から改造することを意味する。禅の企てるところは、われわれの世界観の最も過激な革命である。

矛盾概念を解消させるための合理的な方法は、それらを互いに調和させるような第三の概念をつくることである。かかる新しい概念を見いだすことは、哲学者のとりあげる仕事である。彼が結局一切を抱合し・調和させるような概念を発見することに成功するか否かが大問題であるが、知性に関するかぎり、われわれはかかる結果論に到達することはできない。われわれの努力は結局終わりもなく、結実を見られないにもかかわらず、なおこの道をつづけなければならないであろう。

禅の方法は論理的ないし哲学的方法に正反対のまったく異なったコースをとる。しかし禅は後者に公然と敵対するというわけではない。禅もまた知性の実際的用途を認め、それに値する適当な位置をよろこんで与える。しかし、精神がそれ自体にも安心し、世界全体にも安んじうるような事物の究竟性に到達するためには、禅は別の方法を主張している。すなわち一切のものが分起する以前の内的自己《インナー・セルフ》に還《かえ》れというのだ。普通、人は究極の安息所を求めるために自己自身から遠ざかってゆくものだ。歩きつづけて終《つい》に神に到達するが、神は二分作用と帰一作用の長い退屈な連続の頂点にある。禅の道は逆に進む。つまり前に進まず、後方に進む。その道は混沌とした未分化の場に到達する。禅は一切の二分作用というものがまだ萌芽せぬ以前の世界を見るのである。これは時間・空間がまだこの楔を打ち込まない世界と面接することをわれわれに要求するわけである。これはいかなる種類の経験なのか。われわれの経験はつねに論理と時間と空間に限定されている。かかる限定がなければ経験はまったく不可能であろう。かかる限定から脱した経験について語ることなどまったく無意味だと人はいうかもしれない。時間と空間こそ実在するものであって、概念的に描写されたものではないという立場を堅持するかぎり、おそらくそうであろう。しかし、経験に関するこれらの基礎的な諸条件が否定される場合でさえも、禅はなお、ある種の経験を語る。これが事実なら禅は絶対的現在の非時間性から発するといわなければならない。それがはたして可能であるのかなどと問う事柄ではない。それが可能なことは従来つねに禅の身をもって示してきたところである。ただ、禅の領域は合理性の役に立たぬ所だということを忘れてはならない。実際、禅は合理には合理に適した活動の分野を供給する。禅経験あって、すべての合理的な上部構造は、その堅実な基礎を見いだすといいうる。

ついでにいえば、キリスト教徒の世界観は「知識の樹」から出発するが、仏教徒の世界は「無明《アヴィドヤー》」の結果である。ゆえに仏教徒は最後の安息所(終《つい》の棲家《すみか》)に到達するために最も必要なものとしてこの世界を否定する。無明は無明以前の状態を自覚するとき初めて征服されるが、これが悟りであり、無明によって曇らされぬ、その在るがままの人間の本性を徹見するのである。無明は智慧の始まりであり、事物の真理は知識に知識を積みかさねても得られるものではない、それは無明を強めるだけの意味しかない。仏教徒の見地からすれば、キリスト教徒が鋭い論理と微妙な分析とによって知識の量を増していると考えるとき、彼らは絶えず無明に突入しているのである。

仏教徒は、われわれが生まれぬ前の「本来の面目」を見よ、啼かぬさきの烏《からす》の声を聞け、光あれと命ずる以前の神とともにあれ、という。キリスト教徒は、神と神の光を、彼らに命令的に課せられた取り消すべからざるものと考え、かかる限定のもとに救済事業を始める。彼らの「知識」はつねに彼らにつきまとい、この枷《かせ》を振り落とすことはできない。論理と合理性の犠牲となる。仏教徒はいう、論理と合理性は結構だ、しかし、仏教徒による真の精神的安息所は、論理と合理性のいまだ開発しないところ、存在を主張する主観もなく、把握される客観もないところ、見るものも見られるものもないところに初めて見いだされ、これこそほんとうの見性なのである。

7

悟りすなわち「見性」は、しばしば、無や空、すなわち純然たる否定の状態と混同される。皮相的にはこれは正しいように見える。論理的にいえば、時間の非時間性に目ざめた心には内容がなく、現実の経験感を伝えないからである。見性が、見るものも見られる対象もない意識の状態を意味するものならば、それは純粋虚無の状態にほかならず、失敗と期待と焦燥とに満ちたこの日常生活にとって、何らの意義をもたないことになる。二元的な思惟に関するかぎり、これは真実である。しかし、禅は日常生活の根底となる根本的な、かつ最も具体的な経験を扱うということを忘れてはならない。それは個人的体験であって、論理的推究の結果ではないから、けっして抽象的な空虚なものではない。逆に可能性に満ちた最も具体的なものである。悟りが単に空虚な抽象作用か概括作用であったならば、万物の根底とはなりえないであろう。合理化作用は一歩一歩多様性を除去しつつ上方に向かい、ついには、幅も広さもない単に位置を示すにすぎない一点に達する。しかし、悟りはあらゆる存在の地下を掘り下げて、未分化の全体であるところの岩床に達する。それは宙に浮かんでいるようなものではない。また、個人的な感覚対象にはならないが確乎たる本質的全体である。禅は常識的な考え方にしたがって、常識的に考えられやすい言葉をしばしば用いる。だから「自然」という語も誤解をうける機会がかなり多い。人はそれを、微妙に存在している現象的な感覚対象の下にひそむ何か《サムシング》だと、誤りやすい。しかし、悟りはかかる微妙なものを見ることではない。悟り（の眼）には主観も客観もない。それは直下《じきげ》に見るのであって、普通の、見るではない。（見・不見と同時である。）見られるものは見るものであり、その反対もまた真である。主観と客観はこのように悟りの眼からは一つであるから、普通の二元論的意味で「見る」のとはちがうことは明らかである。これを誤解して、多くの皮相的な考えの人々は、禅の見るとは瞑想に耽りつつ「虚空」を見ることであり、実際生活に役立つものを何ら産みださないと想像しやすい。

　われわれが仏教、特に禅によって得た大きな発見は、これによって事物の「ありのままの相」(suchness of things)を見る道がひらかれたことである。これは、玄沙がその説法に用いた句の「本来清浄すなわち般若智慧の大海」を洞見することである。「本来清浄」とは、つまり「現在の中に棲んでいる静寂《スティルネス》」である。仏教徒は「清浄《ピュアー》」という語を「絶対《アブソルート》」という意味に用い、「汚れた・外面的な事柄から離脱する」という意味に用いるのではない。「本来清浄」とは、無条件・未分化であって、一切の限定を絶したものである。それは一種の意識以前のもので、そこでは、主観・客観の対立なく、しかも、既往の事物と将来の事物が、その中にはっきり目ざめているのである。ある意味では「本来清浄」は空であるが、生命力を蔵するところの空である。それゆえ、如実（ありのまま）とは、二つの矛盾概念、つまり、空と非空との自己同一なのである。如実はこの二者の総合ではなくして、われわれの日常経験に具体的に実現される空と非空との自己同一である。ここで忘れてならないことは、如実という概念は経験を合理的に思索した結果ではなくて、経験を端的にそのまま表現したものということである。われわれは白い花を見たら白いという、赤ければ赤いという。これは単に感覚の実際の表現であり、赤や白について推理したのではない。まさに赤いものを赤い、白いものを白いと見て、そう述べるのである。同様に、禅は悟りの眼をもって事物を本来のままに見る、すなわち、ものごとはそのままで、そのままがものごとである。それ以上でもなくそれ以下でもない。これが禅のいい方である。

　われわれは人間としてこれ以上には行けぬぎりぎりのところだ、と禅は主張する。科学と哲学はいうであろう、人間の感情はあてにならず、知性も頼むべからず、それらは絶対信頼するに足る知識の手段として依存することはできない、したがって、禅のありのままの見方も、最後の根拠と見るわけにはゆかないと。けれども、かかる類推は禅の場合にはあたらない。悟りの見方は感覚知識《センス・インフォメーション》と同じ範疇に入れられない。悟りには何かそれ以上のものがある。この「何か」は絶対に独特なものであり、その経験をもったことのある人だけが、味得できるものなのである。これは次のような感情と一般であることは事実である。すなわち諸君がくらべることのできない絶対的個体だという感情、現に自分の享《う》けている生命が絶対に自分のものだという感情、神が自分一個のためにだけ特別の恩恵を垂れ、他の誰にも垂れ給わぬという感情――こうしたあらゆる感情の場合と同じである。しかし一切のこれらの感情は結局、余他の世界と差別される「我」という決定的な主観に帰する。悟りは一つの感情ではない、また一般に直覚《インチユイシヨン》といわれる知覚的行為でもない。悟りは自己の本性を見るのである。この「本性《ネイチヤ》」は他と区別される自己のみに存するものではない。この「見」においては、見るものも見られるものもない、「本性」は見るものであると同時に見られるものである。悟りは、いいかえれば、「無心」、「絶対の一念」、「絶対現在」、「本来清浄」、「空」、「如如」いろいろということができる。禅匠にしたがえば、人が実在の底知れぬ深淵を測ろうとするには、人間の感覚経験や知的作用のみでは不十分である。悟りをそれに加えなければならない。機械的・量的に加えるのでなく、いわば化学的にまたは質的に加えなければならない。鐘の鳴るを聞き、鳥の飛ぶを見るとき、悟りの洗礼をうけた心をとおして聞き、見るのでなければならない。すなわち同時に、鳴らぬ以前の鐘声をも聞き、生まれぬ以前の鳥をも見るのである。鐘が鳴り鳥が飛んでしまえば、それはすでに感覚世界に属し、差別され、知的分析や総合をうけることを意味する。「本来清浄」がまぜものとなり、さらにますます混ぜものの度を加えてゆき、仏教詩人の見る「真如の月」はもはやなく、叢《むら》雲に厚くおおわれた月のみが存することを意味する。如実は清浄と同意語である。

8

唐末に活躍した玄沙（八三四―九〇八）は、ある時、次のような説法をした。

「皆の衆、お前たちは本来清浄を見たことがあるか。その形は般若波羅蜜智の大海である。まだ見徹しておらぬならば、ひとつたずねよう。お前たちは今ここに集まっているが、われわれと向きあっているあの青い山が見えるか、見えるというならどう見えるか、見えないというなら、山がただいまここでお前たちと向きあっているのを、どうするのだ。皆の衆、わかったか、見つくし聞きつくすもの、それはお前たちの本来の清浄性そのものだ。それが般若智の大海である。お前たちもこのことを会得すれば、事物はかくのごとくである。もし会得しえないならば、事物はまたそのあるがままである。」

玄沙は別の機会に次の説法をした。彼は法堂《はっとう》に入って、燕《つばめ》が囀《さえず》っているのを聞き、こういった、

「燕の声はまことによく真如を説きつくし、法の根源を語っておるわい。」

そういって彼は壇を降りた。後刻、一人の僧が彼にたずねた。

「老師は今日囀《さえず》っている燕に関して一場の説法をしてくださいましたが、私どもにはその意味を洞察することができません。」

和尚がいった、

「お前はわからなかったのか。」

「はい、わかりませんでした。」と僧は答えた。

「かつて誰がお前のいうことを信じたのだ。」

これが和尚の結句であった。

この問答はどういう意味なのか。玄沙と彼の弟子たちは燕の囀るのを聞いただけのことであったが、師匠はそれを生《ライフ》の深い事柄を論じているとして聞き、弟子たちはそうとは聞かなかった。けれども玄沙の表現はむしろ概念的であるから、われわれは、彼が悟りのまっただ中にあるのではなく、知識人のレヴェルまでさがっているのだ、と考えるかもしれない。これは玄沙からすれば、一段下へ降って、禅のほうでいう老婆禅を説いているのである。

次の例はさらにいい。

玄沙がある時提灯を指さしていった、

「わしはこれを提灯《あかり》というがお前は何というか。」

「師よ、私もそれを提灯といいます。」

と、その弟子は答えた。

それを聞くや玄沙ははっきりいった、

「この大唐国裏、ただ一人として仏法を解するものはない。」

他の場合には、玄沙はそれほど批判的でも率直でもなかった。彼が三斗を訪うたとき、三斗がいった、

「ごらんのとおり人里離れた山中にながらく幽棲しておるので、おすすめする座布団もありません。」

玄沙がいった、

「私たちは誰も皆、座布団をあたえられている。あなたがそれを備えていないというのはどうしたわけだ。」

三斗は玄沙に一礼していった、

「どうぞお敷きください。」

「初めから欠けているものは何もないのだ。」

と、玄沙はいった。

禅匠としての玄沙の活動を記録した次の事例は多少劇的である。彼の師の雪峰（八二二―九〇八）が逝去したとき、玄沙は一番弟子だったので喪主となった。全会衆が集まって、茶会が行な

われることとなった。玄沙は亡師の位牌の前で茶碗を捧げ、会衆にたずねた、

「先師在世の間は、皆は好きなことが勝手にいえた。師はすでにおわさぬが、皆は何というつもりか。（わが師の示寂に際し、この機にふさわしい）一句をいうならば、師に罪なしと考えよう。またもし一句を発することができないならば、罪は師にある。一句をいいうる者は誰かないか。」

＊「一句をいう」または単に「道う（何かを）」とは、語句とか行為とかでその場合にふさわしい見解を発表する禅特有の方法である。

玄沙は三度こう繰り返したが、誰も進み出て来なかった。ここにおいて、彼は茶碗を床に叩きつけ、粉微塵に砕いて、自分の部屋に戻った。

自分の部屋に戻ると玄沙は中塔にたずねた、

「お前はどうなのだ。」

中塔はいった、

「亡師はどんな罪を犯したことがあるのですか。」

玄沙は何もいわなかった、ただ、くるりと向きをかえて壁に向かって坐った（坐禅の姿勢で）。中塔が立ち去ろうとしたとき、玄沙は彼を呼び戻していった、

「お前はどうだ。」

こんどは中塔がくるりと向きをかえて壁に向かって坐った。玄沙は満足して、それ以上何もいわなかった。

死は人事として些事ではない。これと関連する儀式は当然悲哀と深い反省をもって彩《いろど》られる。玄沙はそれを忘れなかった、そして、会衆の教育のためその機会を利用せんと欲した。死の問題について何なりと彼らの理解したところを示させようと思ったのである。彼らが先師雪峰の指導のもとに禅の会得にどれほど努力してきたかを見ようと思ったのだ。あきらかに、中塔が偉大な師雪峰の逝去について、「一句を道《い》い」えたただ一人であった。中塔と玄沙とが相互の間に禅を示した方法は、はなはだ独特なものであり、第三者には奇妙不可解に見えたかもしれないが、相互にはまったく満足すべきものであることを示した。ここで次の事実を想起してもらいたい、彼らはそう見せるために、故意に、これら一切の論理的に説明しがたいふるまいを犯したのではなかったということを。われわれは悟りというものがあること、それを得れば、十二世紀以上の長きにわたる禅の歴史に記録されている禅匠たちのこうした言行の一切を理解できるということを信じなければならない。禅は今なお東洋人の間に精神的に有意義な影響をおよぼしているのであ

る。
悟りは合理的な表示の限界を超越しているから、その初心者に対する方法は、何ら一定したものでもなく、あらかじめ定められたものでもなければ、先例にもとづくものでもない。質問者はあらゆる手段によって、いつか忽然と悟りと対面するように導かれる。悟りには手をもって触知すべき具体性がないから、悟りを期する者たちは、とにかく、自分の内部からこれを進展させなければならない。単に禅匠の言行からそれを一瞥しようと努めても、達せられるものではない。禅匠は壇上に黙々としているばかりで、一語も発せず壇を下る。が、どうかするときわめて短い説法をする。天与の肉体と舌と両手はことごとくこれ知識と伝達の器官ということになるのであるから、われわれはこれを使えなくてはならない。その使い方によっては、これらの器官はまったく雄弁となり、悟りに導く力となる。

玄沙は壇上に立って、やや沈黙した後、

「お前たちはそれを知っているか。それを認めるか。」

こういいながら部屋に戻って行った。また、ある時、沈黙の後に簡単にいった、

「これがお前たちの真人だ、まさにかくのごとし。」

また、他の時にはしばし沈黙してこう続けた、

「*達摩は現在ここにいる、まさにここに。見えるか。」

＊達摩《だるま》は中国における禅の創立者であるが、しばしば象徴的に用いられ、仏陀・仏性・絶対者などを代表する。この玄沙の説教では、達摩（すなわち菩提達摩）はまったく生きているのであり、何ら抽象化されたものではない。

ある日、玄沙は長すぎるほど沈黙していた。弟子たちは彼が何もいうつもりはないのだと考え、解散しはじめた。その時、和尚は彼らを呼び戻して、次のように叱った、

「わしの見るところでは、お前たちはみんな同じ型から生みだされている。お前たちの中には、これっぱかりの智慧さえ授かっている者は一人だっておらん。わしが口を開けば、お前たちは皆わしのまわりに集まって、わしの言葉を聞きとらえて、いろいろ臆説をたてようとする。だが、わしがお前たちに利《き》くようにと真実努めても、お前たちにはちっとも、わしのいうことがわからない。こんなふうにやっていると、今にほんとうにたいへんな目にあうぞ。」

ある時、彼はやや気分がよかったとみえ、しばし沈黙してからこういった、

「わしはお前たちを教育するためにできるだけのことをやっている、しかし、お前たちはわ

しのいうことがわかるか。」

一人の僧がいった、

「和尚が沈黙して一語も発しないというのはどういう意味ですか。」

和尚がいった、

「睡っている最中話して何の役にたつ。」

僧は続けて、

「私は和尚に根本的実在の大事について悟らせていただきたいのです。」

「お前のような居睡りしている奴をどう始末もできまいが。」

「もし私が睡っているとすれば、和尚はどうなのです。」

「お前がいくら無感覚だって、自分でどこが痛いのだかわからないほどのことはなかったろう。」

と、玄沙はいった。

彼はよくこういったものだ、

「この大男め、よくもまあお前は千里万里をうろついて、やっとここへ着いたのに、まだ居睡りをしたり、ねむたいおしゃべりを続けているのか。それくらいならほんとうに横臥しているほうがましだ。」

一人の僧がいった。

「物の本質を指す和尚の一語をたまわりとうございます。」

「お前はそれを知るとき、それを得る。」

「和尚、もっと直接にお願いします。」

「このくその役にも立たぬ聾めが。」

と、和尚は答えた。

弟子たちが熱心に真理と真実在を求めているとき、彼らを聾や居睡り半分呼ばわりするとは、はなはだ酷烈であるように思われる。禅匠たちはそんなに不親切な人々なのであろうか。表面上たしかに彼らは過酷である。しかし、禅の何たるかを知る人には、彼らはきわめて親切な気質の、ほんとうに善意な人々であることがよくわかるのである。彼らの言辞は彼らの悟りからまっすぐに出てくるのであり、この上なく誠実に、その応《こた》えを弟子の心中に求めているのである。

9

玄沙の師である雪峰は唐末の巨匠の一人であった。彼の語録は今日なお入手できる。彼の得意の返答の一つは「これは何だ」(是什麽)というのであった。誰かが「この瞬間(刹那)、われわれは何と相対していますか」とたずねるとする。彼はきまって答える、「それは何だ。」雪峰の方でかく反問するのは、いかに身近く彼が「それ」・「これ」を感じているかを示すもので、彼は質問者に自分同様それを身近に理解させようと熱望するのである。彼はそれを概念主義に訴えずに伝えるすべを知らない。だから彼は呶鳴《どな》る、「それは何だ。お前は見えないのか、それは、今この刹那、まさにここにあるではないか。わしが言葉に求めれば、それは三千里かなたに去ってしまう。」「これは何だ」は彼のやむにやまれぬ叫びである。彼はいう、

「自分は同門の僧たちが来るのを見さえすれば、いつも『これは何だ』という。しかるに彼らはただちに長談議をやろうとする。彼らがそんなふうにやっているかぎり、彼らは『*驢馬の年』に至っても点頭《うなず》くことはできないであろう。」

禅匠は皆「それ」を論議することを嫌う。議論は知識化作用に訴えることを意味し、それはけっして安息の所をもたらしはしないからである。

＊中国でも日本でも、正式に用いられる暦に「驢馬の年」なんてない。故に「驢馬の年までは」というのは、「世の終りまでは」（永久に）という意味である。

福州の晏国師が禅界に入って初めて雪峰に会った。雪峰は晏が門から入って来るのを認めて、新来者をしっかととらえ、「これは何だ」とやった。晏は忽然としてこれの意味を悟り、双手をあげておどりまわった。雪峰がいった、

「お前はそれについて何か理にかなったことを見つけたのか。」

「理にかなったこととは何です。」

雪峰は彼の肩を叩き、彼の悟りをたしかに知った。

禅匠がわれわれに徹見せしめようとするものは、無意識の意識である。それはわれわれの普通の二元的な意識を伴っているものである。ここにいわゆる「無意識的」は、心理学的無意識ではない。心理学的無意識は心の最下層をなすものと見なされる、おそらくは人間が自己の存在を意識しはじめて以来蓄積されたものである。禅匠の「無意識」は心理学的以上に論理的または認識論的である。それは一種の無差別智・無分別智・超越的般若智である。仏教では一般に二種の知識に分ける。一は般若《はんにゃ》であり、一は分別識《ヴィジユニャーナ》（vijñāna）である。般若は全智《サルヴアジユナー》または超越智、すなわち無差別智である。ヴィジュニャーナは、相対的な知識であり、これによって主観と客観とが分かれ、具体的・特殊的事物の知識と抽象的・普遍的知識との両方を含む。般若は一切のヴィジュニャーナの底に存するが、ヴィジュニャーナは般若を意識せず、つねにそれ自体で充足し、般若に対する必要を感じない。しかし、ヴィジュニャーナ、相対的知識からは精神的満足は得ら

れない。ヴィジュニャーナをいかに積んでも、そこに人間の安住の地は、見いだされない。科学と哲学ではけっして慰められない、何かしら欠けたものを心の奥底に感じるからである。科学と哲学は真実在《リアリティ》をすっかり汲みつくしうるものではない。真実在には、相対的知識や知的追求が把握する以上の事実が含まれている。しからば真実在の中に知識に取り残されたもの、それは何か。これを認識するためには般若に向かって転ずべし、と仏教はいうのだ。般若は既述の「無意識の意識」に相当する。この般若すなわち無意識の意識が目ざまされないかぎりは、われわれの魂の郷愁はけっして完全に満たされることはない。般若に目ざめて初めて意識の内側も外側もその全領域が十二分に展望されるのである。こうなると、実在は今やわれわれから隠すべき何ものもなくなる。禅匠の終世の努力は、この般若智・無意識の意識・無差別智を目ざますことに集中される。それはあたかも鬼火《ウィスプ》の魂のまぼろしのごとく、正体をあらわさずに人をじらしながら、絶えず人の心を貫くのである。諸君はそれをとらえ、掌上に吟味し、名を決定して、一定のきまった個物として見ようとする。しかし、それは二元的性質の知的扱いをされる対象ではないから不可能である。雪峰の「是什麼《これなんぞ》」、玄沙の比較的概念的な「自性清浄」(という言葉)の存する所以である。

けれども「これ」は将来の発展と開明を待つ、かの動物や小児の暗黒の意識ではない。それと反対に、熱心な探求・熱心な思索の長年月を経て後初めて得られる底の意識形態である。また、その思索は単なる知性作用と混同してはならない。キエルケゴールの用語にしたがえば、実存的思惟であるべく、弁証法的論究ではない。かくして実現された禅意識は最高の意識形態である。

雪峰の次の説法はこの見地から味わわなければならない。

雪峰が法堂《はっとう》に上って、僧たちが彼の説法を聴くため長時間待っているのを見ると、彼はいった、

「鐘は鳴り、法鼓は打たれ、お前たちはここに集まっている。お前たちの求めているものは、いったい何だ。お前たちのかかっている病いとは何だ。お前たちは恥という意味を知っているか。どんなあやまちを犯したというのだ。わしの見るところでは、目的地に達した者は僅かしかおらぬ。こうした事実を見ると、わしはここに来て、『これ何ぞ』とお前たちにいわずにいられないのだ。お前たちが門を入ったとき（このことについては）お前たちとの相見はすでに終わっているのだ。わしのいうことがわかったか。わかったら手間がはぶける。わしのところへ来て、わしの口から何か得ようとするな。いいかな。」

和尚はしばらく黙然としていたが、続けていった、

「過去・現在・未来の三世の諸仏たちでも、それを知らせることはできない。三乗、十二分

教（あらゆる経典）もそれを伝えることはできない。では、老匠の糞尿を舐《な》めんと欲する者は、どうこれを会得するか。わしはつね日頃お前たちに『これ何ぞ』という。お前たちはわしの前にやって来て、わしの口から漏れる涎《よだれ》なら何でも拾おうとする。そんな調子では、驢馬の年になるとも（永久に）この片鱗だに知ることはできないぞ。わしはやむにやまれずこれだけいっておく。だがわしがこういったら、すでにそれは明らかにお前たちを迷わすことになってしまうのだ。」

一人の僧がたずねた、

「虚心な人はどんなに日を送るのですか。」

「茶を喫し、飯を食う。」

「怠惰に時を過ごすことになりはしませんか。」

「そうだ、怠惰に時を過ごすことになる。」

「どうしたら怠惰に時を過ごさずにやってゆけますか。」

と、僧は続けた。

「あれは何だ（如何那箇事）。」

と、師はいった。

この何だといわれている「これ」・「あれ」は、始終いそがしくて、ろくろく横になっているひまもないのであるが、同時に忙閑の別なきがごとく、悠々と時を過ごす。というのは、「有為転変の世界の寂静の一点」を常に味得しつつ暮らすからである。一僧がたずねた、

「万物は『一』に帰す、『一』は那辺《いずれ》のところに帰するか。」

「牛皮に包まれた髑髏《されこうべ》め。」

と、師がいった。そして、続けて、

「もし事実（『一』なんて知ってる者）があれば、地から天まで積んだ黄金をみんなやるだけの、いやそれ以上の値うちがあるわい。彼が半裸の衣でやっと身をしのいでいると誰がいう。」

といいながら師は突然叫んだ、

「これ何ぞ。」

雪峰の「これ何ぞ」は、時間と空間が自己同一の一体として一つに融けているところの「絶対的現在」である。彼の説法のいま一つは次のごとくである。

「この会得は、口からも黄巻《おうかん》（経文）からも禅匠の方丈からも出てこない。お前たちは十分丹誠をつくしてこれに出会うべき時を見つけなければならない。お前たちが、この現在の瞬

間（刹那）に、それをつかみそこなったら、何十万年に何度生まれ変わっても、それは得られぬぞ。永遠とはどういう意味か知ろうとするなら、この刹那以外にはない。この刹那とは何か。みだりに迷い走ってはならぬ。お前たち命終の時は目前であるぞ。」

これに関連して、雪峰の問答をいま少し引用しよう。弟子がもたらした種々の質問を扱うに際して、彼の悟りがいかにはたらいたかを知るのにあながちむだではなかろう。その質問は現代の論理的に訓練されたわれわれの見地からすれば、まったく当を得ないように見えるかもしれない。しかし禅者の場合、取るに足らぬものは何一つないといってよい。たとえ、日常茶飯のどんな微々たる出来事といえども、すべてそれが重大な関心事なのである。指一本動かすのも、口を開くことも、眉毛をちょっと動かしても、また、羊飼いが歌う鼻歌の一ふしさえも、皆これ十分禅的意義に充ち溢れたものであることを忘れてはならない。

問「日常生活とは何ですか。」

雪峰は払子《ほっす》をあげた。

僧「現在只今とは何ですか。」

「わしはいまだかつて一度もそんなことを問うやつに逢ったことがないわい。」

「だから和尚、今、私がたずねているのです。」

和尚が大声で一喝《かつ》した。

「このうつけ者め！」

僧「老師の人格とは何ですか。」
師「そんなものには一度もお目にかからぬわい。」
僧「どうして会ったことがないのです。」
師「お前はどこで会うつもりなのだ。」

僧は答えなかった。

僧「言葉を絶した所とは何でしょうか。」
師「何をそこで探すのだ。」
僧「私はあなたにそれをおたずねしているのです。」

師「お前はもうちっと利口なやつかと思ったが、やっぱり愚物だったわい。」
僧「根本義中の根本義は何ですか。」
師「どこでそんな考えを拾ったのだ。」
僧「それ（根本的実在）について、何か少しでも考えがあったならば、根本事の根本事ではありえないと思いますが。」
師「では何だ。」

僧は一語も答えなかった、そこで和尚はいった、

「お前がたずねて、わしが答えよう。」

僧がたずねた。和尚は彼の僧衣を剝がせ丸裸にしてしまった上で、さんざん痛棒をあたえ、寺から追い出してしまった。


「それをとらえようとすれば、それは一千里のかなたに飛び去る。どうしたらいいか。」

「一千里！」

「古い関門がまだ開きません、どうすればいいでしょう。」

「開いたか、まだか。」

「まだ開きません。」

「では開いたらよかろう。」


「あなたのお言葉の中に『人々を穏やかなやり方で救う一つの方法があるが、不幸にして彼らは知らない』と。さて、この『穏やかに人を救う』とは何ですか、おたずねしたい。」

「どうしてお前はそれを知ることができよう。」


「私はあなたがこういうのを聞いた、『十尺四方の小室（方丈）の中にそれがある』と。さてどういうことですか。」

「お前がその室から出れば、われわれはそれを考えるかもしれぬ。」

「この刹那、それはどこにありますか。」

「お前は室から出たか、まだ出ないのか。」

「私は故里に帰るつもりですが、どうしたものでしょう。」

「この刹那お前はどこに居《お》るのか。」

僧は何も答えなかった。

「昔の禅師の言葉によれば、『根源』に戻るとき始めて了悟す、とあります。さて『根源』とは何ですか。」

「大根の根、胡瓜《きゆうり》の根。」

「『形に随《したが》えば本体を失う』といわれていますが、どういう意味ですか。」

「失った！」

「どこを見まわしても、卒然として開悟を得るといわれます。どういう意味ですか。」

「これは立派な柱だ。」

夏《げ》安居《あんご》（夏期修禅の期間）の終りに、雪峰和尚が僧たちの部屋の前面で坐っていた。自分の周囲に僧たちが集まってくるのを見て、和尚は杖を振り上げていった、

「これは中等と下等の者のためであるぞ。」

一僧がたずねた、

「上上の人が現われたときはいかがですか。」

和尚の杖は間髪をいれず彼を打った。

雪峰の弟子の一人鵝湖《がこ》が小院の住持になったとき、一人の役人が会いに来た。役人は払子《ほっす》をみとめてそれを取り上げていった、「私はこれを払子というが、和尚は何といわれる。」

鵝湖がいった、

「払子というわけにはゆかぬ。」

役人がいった、

「当節は知識をもって名の聞こえた禅匠がたくさんおられる。和尚はなぜ行脚に出かけられぬのか。」

鵝湖は自分の不十分な力をさとり、寺を去って雪峰のもとへ出かけた。雪峰は彼を請じ入れていった、

「なんでまたここへ来た。」

鵝湖は役人との会見で彼を満足させそこなった顚末を告げた。雪峰がいった、

「では、わしにたずねてみい。」

鵝湖はその話を繰り返すと、それを聞くや和尚は、

「払子！」と結句を下した。

「西院《さいいん》の和尚が亡くなりました。彼は死んでどこへ行きますか。」

「それはお前一人だけではない、全世界がその去所を知らぬのだ。」

雪峰が高弟の一人である玄沙に会ったとき、こういった、

「師の仁宗《じんそう》が亡くなったとき、一人の僧がたずねた。『師はどこへ去って行かれたのですか。』

わしはいった、『水に融けてゆく氷のごとし。』と。」

玄沙が答えた。

「私ならそうはいわないでしょう。」

「何という。」と雪峰。

「水に帰りゆく水のごとし。」

と、玄沙はいった。

可観が初めて雪峰と相見したとき、雪峰がいった、

「もっと近く寄れ。」

そこで彼は進み出て一礼した。和尚は一言も吐かず脚をあげて、平伏している可観の上を踏んだ。これがこの僧をして忽然悟りにいたらしめた。後になって彼が南嶽山中の法輪峰に住みつい

たとき、こういう上堂をした、

「わしが雪峰にいたとき、わしは和尚から一蹴をうけた。そしてそれ以来今に至るまで眼が開かぬ。さあ、これはいかなる境界か。」と。

雪峰の足下にたしかに悟りを得た可観にして、この言をなすはなぜか、たずねてみよう。悟るのがよいのか、悟らぬのがよいのか。知るべきか、知らざるべきか。自由になって、しかも自己の主人公は自由でないのか、しかもそれが自己の主人なのか。肯定と否定は自己同一であるか。悟りとは寂然無為、何のなすところもないのか。もし諸君が何かなすならば、すなわち、いやしくも行為する以上、諸君は一事か他事か、否定か肯定か、何かを犯すのである。これは悟りから離れ、それを失うことを意味するのか。寂然とこうして坐っているのが、はたして無為であるか。この無為とはまた何かをなしているのではないのか。死そのものはあるもの《サムシング》をなすことである。純粋否定というようなものはない。何となれば、一つの否定は、別の否定を、または、一つの肯定を導き出すことになるのだ。——それらは相互に規定しあっている。悟りとは要するにこんな一切の論理的分析を断絶しつくしたものである。

ある僧が雪峰のもとに着いたので、和尚がたずねた。

「どこから来た。」

「潙山《いさん》のところから参りました。」

「潙山は何といっていた。」

「私があすこにいましたとき、和尚に祖師西来の意如何をたずねましたが、和尚は黙って坐っていただけです。」

「お前はそれを肯《うべな》わなかったか。」

「はい、私は肯うことはできませんでした。」

「潙山は古仏《こぶつ》（巨匠をいう）だ。お前はすぐ戻って、お前の罪を告白するがよい。」

霊観和尚はいつも門を閉ざして、ひとり坐禅していた。ある日、雪峰は彼を訪ねようと思った。彼が門を叩くと、観が出てきて、開いた。雪峰は間髪をいれず彼をとらえて問うた、

「これ凡か、これ聖か。」

観はつばを吐いていった、

「このいたずら小僧めが。」

つかまれた体《からだ》を振り放すと雪峰を突き出して、門をぴしゃりとしめた。雪峰がいうには、

「彼がどんな人間か知るのも、あながちむだではないわい。」

10

さて、われわれは、禅の悟りとはいかなる特色をもつものかを、かなりはっきりと摑みうると思う。

それは、「光あれ」と呼ぶ以前の神とともにあることである。

それは、この命令をまさに下さんとして、その精神の動いたときの神とともにあることである。

それは神とともにあると同時に、創《つく》られた光とともにあることである。

それは、むしろ神それ自身であり、かつまた、彼の天、彼の地、彼の昼夜であることである。

悟りは人間の中に神が入り来たって、そこで神が自己を意識するのである。この意識は人間意識の底に絶えず存する、超意識とも称すべき意識である。

悟りは常識的な意味での知識ではない。

悟りは知識を超越する、悟りには主体の知識も知識の対象も存しないという意味において、それは絶対知識である。

悟りは二つの相反する語を総合する一つのより高次の統合ではない。杖は杖にあらず、しかも杖である、ここに悟りは得られる。

橋は流れて、水は流れず、ここに悟りがある。

直覚というものに二元的概念の痕跡のあるかぎり、悟りは直覚作用とはいえない。悟りは積極的に動く直覚である。諸君が動く対象とともに動き、その動きとぴったり一枚となりきる。しかも動いて動かぬというある意識の状態――この超意識が支配するところ、それが悟りである。

箇箇のモナッド（個体）が絶対を反映するか、絶対そのものとして感知されるとき、そこに悟りがある。

それゆえに、われわれが生きる刻刻が永遠そのものである。永遠はこの一刹那にほかならない。両者は相互に融けあい一つになっている。この完全な相即相入が悟りの内容である。

悟りは、永遠を箇箇の刹那の無限数の上に伸びてきているものとして受けとるのではない。刹那そのものの中に直にあると見る。刹那刹那がそのまま永遠だからである。

悟りは動的直覚と定義してもよいだろう。心理学的にいえば、悟りは超意識（super-consciousness）である。あるいは「無意識（unconscious）」の意識である。けれどもこの「無意識」は心理学的に考えられる無意識とは同一視すべきではない。悟りの「無意識」は創造以前の神とともにある。それは実在の基礎に横たわるものであり、宇宙的「無意識」である。

この「無意識」は形而上学的概念であり、悟りをとおしてのみ、われわれは「無意識」を意識する。

悟りは、雲門のいうように、われわれの各人がもっている光明*である。

＊雲門垂語にいわく、人人ことごとく光明の有るあり。看る時は見えず暗昏昏、そもさんか、これ諸人の光明、自ら代っていわく、厨庫《ずく》三門《さんもん》。（『碧巌』第八十六則）

彼のいうように人が両手をその上におこうとすれば、そこは闇昏昏である。つまり、悟りは相対的意識の表面に持ってこられるのを拒む。けれども、これは悟りがまったく孤絶しているものという意味ではない。悟ることは「無意識」を意識するという意識である。この「無意識」の意識を片時も離れるものではないのだ。

悟りは「無意識」にものをいわせる。明瞭に発言された「無意識」は「論理的には」脈絡はないが、禅の見地からすれば、きわめて雄弁に自己を表現する。この「無脈絡」こそ禅である。

「宇宙的無意識」を空間の用語でいえば「空《シューニヤター》」となる。この「空」に達することが、悟りである。ゆえに事物を悟りの見地から見れば、須弥山《しゅみせん》もよく無数の毛あなの一つに隠れるのである。私が今指一本をあげる。この一指が全宇宙を蓋《おお》い去るのだ。

Ⅳ　悟りへの道

1

広くいえば、悟りへの道は二つある。一つは形而上学的または哲学的ないし知識的と称すべきもの、一つは心理学的ないし意志的と称すべきものである。両者とも、ある明瞭しがたい精神的苦悶のため、手近のどんな藁《わら》の一片をもつかむほどに悩んでいるところから出発する。この藁は、それに対する人間の性格を色づけるおもなる色あいによって、そしてまた、無意識にはたらく環境的因子によって、それぞれ知識的か倫理的か感情的かになるであろう。哲学者は知識的にひいでており、いわゆる宗教的な人々は概して情緒的かつ倫理的である。われわれは皆ある程度まで哲学者であり、科学者であり、道徳家であり、そしてまた、精神的な素質をもっている。しかし、われわれの大部分は、とくにそのいずれかになるほどの強い傾向はあまりもっていない。われわれは皆がみな哲学者になれるものではないが、中には知的気分を多少もっていて、人生の大問題に近づきたがる者もある。そういう人が十分な勇気と論理的な鋭さをもってこの問題を追求できない場合でも、彼らはとにかくこの線にそって出発する。比較的感情の強い人の場合はその過程は異なる。彼らは宗教的指導者に会うと同時にその助言を傾聴する。あまり論究しないでただ自分を救うために何かしなければならない、でなければ、堕落がさし迫っているという気がする。かかる人は正当にかつ忍耐強く理性を用いる余裕はない。彼らは仏陀の献身的な使徒となる。

禅に走る人は概して知的傾向に富んでいる。これは必ずしも彼らがつねに理論的にものを考えようとする心構えでいるということにはならない。むしろ合理主義を伴いつつ直観的になる傾向を帯びているのである。彼らは、一面には論理的であり、自分たちの理解しない事物について論究を進めようと欲するが、いわば彼らの知的意志は専門の哲学者になるほどには強くないのである。彼らは、そうこうするうちに最後の解決をとらえんための近道をえらぶようになってくる。その直覚力は知性作用よりも活発であるのだが、これには理由がある。というのは、真理を理解するためには直覚力のほうが根本的であり、容易な手段だと考えているのである。実在ならざる概念と抽象を扱うものであるという理由から、彼らは論理的分析や弁証法的過程に満足しない。逆に、彼らの関心は直接具体的な諸事実と接触することに存する。彼らの知性力はそうとう強いにちがいないが、これだけに頼ろうという気はない。その使用を誤てば、間違った道に入り込み、永久に真実在《リアリティ》から離れてしまうということを、漠然とではあるが、認識しているのである。彼らはある程度知的であるから、容易に信仰の意志に属したり、とりわけ情緒的魅力を感ずるものをたやすく信じ、それの餌食《えじき》になるようなことはない。

『伝燈録』*中のすぐれた禅僧の伝記を調べてみると、たとえ短い伝記であっても、禅師の多くは仏教の経典や論議、儒教の古典や老子一派の書いたものの研究者であったことが注目される。彼らは知性の面でこれらの教えを研究することに甘んじていられなかった。できればもっと簡単にして確実な・究極地に至る方法を見つけたいと欲した。最も有名な例の一つは、『金剛経』の偉大な学者であった徳山である。これに関する彼の理解は主として知的であった。禅のことを聞いたとき、彼はそれを信ずることができなかった。が、何か自己に不安を感じていたにちがいない。はっきりと意識はしなかったが、禅に対してあるあこがれを感じていたにちがいない。表面では禅に反対し、できればそれを打破したいと思った。また、志道は『涅槃経』の研究に十余年を費したが、最後に六祖《ろくそ》慧《え》能《のう》のもとに来たってこれについて開悟せんとした。『涅槃経』には、彼がとくに窮している一節があった。経にいわく、「汝が生死を超越するときは、至福なる絶対の寂静がある」(経云、生滅滅已、寂滅為楽)と。しかし、志道には、この生死の相対的世界が全滅するとき、そして、事物が絶対の無に帰して誰一人残存しないとき、かかる至上の幸福を享受するのはいったい誰なのか、ということが理解できなかった。彼は涅槃を絶対の破滅として考え、こう推量した。慧能は、志道がいまだ相対性と知的思惟の束縛から自由でないことを説いて、こういった。

「この刹那に『生死』はない。ゆえに、われわれがこの現在の刹那に生きていて、その生滅を超越するなどということもない。これがすなわち絶対の寂滅が現前しているのである。この寂滅がそのまま現在の刹那にほかならない。現在の刹那の非時間性に至福（常楽）があるのだ。ここにはとくに至福をうけるということもうけないということもないから、誰もが永遠の常楽を授かるのである。……」

これらのいうところはきわめて抽象的推論だという人があるかもしれない。しかし、そう判断するのは知的思索と合理的思考の結果である。禅の見地から見れば、慧能の言葉は彼の内的直覚からじかに表現されたものである。慧能はこの永遠の現在を生きているのである。そこで彼は生死などというものの起こっていないことを、自分の体験の一事実として、親しく見るのである。かかる一句こそ志道の求めたところであった。

＊『伝燈録』（景徳伝燈録）は禅宗研究者にとって最も重要な書の一つである。宋初、西紀一〇〇四年に道原の編纂したもので、三十巻に分かれている。その内容は、禅の発端を過去の七仏とし、六朝時代に菩提達摩がこれを紹介し、代々の禅師を経て、宋初に至る禅の歴史である。この書の価値は、代々の名僧の問答・言葉・説法その他の事項を記録していることである。その歴史的な扱い方、特に伝説的に六祖とされている慧能以前の祖師たちに関しては、「歴史的」ではない。これは敦煌出土の資料と照合し徹底的な検討を要する。私は中国初期禅思想史における諸研究でこの問題を取り扱っている。

私は、禅者は知的傾向があるといったが、それは彼らが知性をもって試みた後、それに満足せず、実在を処理するさらにもっと直接的な道を発見せんと欲する、という意味である。いかなる動機、いかなる環境的条件から禅に入るにせよ、彼らのひとしく期待するところは、禅が究極の真理に関して、最も頼りとなる「実地の一句」に逢着して、それによって、あらゆる種類の心の煩悶から、また弁証法的複雑性から、彼らを救い出してくれるということである。

禅が知的傾向に富んだ人々をひきつけるというのはまったく当然の成り行きだが、それは、合理的な研鑽コースをたどって行けば、必ずはいりこむ袋小路から彼らを救い出してくれる道が悟りであるということがわかってくるからである。知性は元来、われわれを二元的に考えられている世界と調和させようとするものであるが、しかし、究極の実在を探るには不適当な道具である。そのために、知識人たちは、いやというほど、精神的苦痛をなめなくてはならない。禅の主張するところは、ここからわれわれを救うにある。その救済の事実は禅史を読めば十分宣明されているのである。

2

仏教には知識と信仰の二つの主要な流れがある。信仰的要素は中国と日本の浄土派に現われ、一方知的要素は第五世紀・第六世紀のインドにおける龍樹派・世親派・無著派等の教養に十分な発展を見た。龍樹派は「空観」の極致を大乗諸経典中に表現し、無著派と世親派は唯識の理論を基とする観念論的・心理学的一派である。龍樹派と無著・世親派の両者はその思弁を極度まで推し進めてしまったから、そこからはそれ以上発展は期待できないであろう。のみならず、彼らは宗教思想本来の領域から逸脱し過ぎている。仏教が生きた宗教として生命を保つためにはどこか他に移植されなければならなかった。インド的思想は仏教を宗教として発育せしめるに足る養分を与えるべき肥沃性を出しつくしてしまった観がある。幸いにも、たまたま菩提達摩が第六世紀の始めに中国に来て、実践的精神に富んだ人々が待ちうけていた土地に仏教の新しい発足を試みるにいたったのである。始めは中国人は自分たちと正反対だという理由で、インド人に反抗した。インド人は思弁に長じ、中国人は著しく実践的である。しかし数年の苦闘の後に彼らは相互に理解しあうようになり、その結果、中国における禅派の成長となった。

インド精神は空高く飛翔し星の中に住むが、中国思想はつねに彼らの最初の出発点なる大地から離れられぬことを忘れなかった。一人の禅匠が、インド式の抽象的思惟に深く染まっているある仏教学者と談じていたとき、議論の話題が如来に及んだ。禅匠は、あなたは如来性《タターガタ・フッド》の意味を知らないから、「如来」の観念を把握することはできまいといった。学者はたずねた、

学「では、その意味は何ですか。」

僧「タターガタとは万物がそのあるがままだというのだ。」

学「そのとおりだ、タターガタとは万物あるがままという意味である。」

僧「しかし、あなたの肯定は的《まと》を正しく射ていない。」

学「これは経典に述べられているところではないか。」

僧「では、おたずねしよう、あなたはあるがままですか。」

学「そうです、私はあるがままです。」

僧「木石はあるがままですか。」

学「そのとおりです。」
僧「あなたのあるがままは、木石のあるがままと同じか。」
学「両者は違わぬ。」
僧「しかし、あなたは木石とは何と違うことか。」

この一節でわかるように、一方は抽象的に考えていて具象的実在に触れておらず、一方は目前に経験する感覚的事実を扱っているのである。禅は単なる感覚的事象を基とするような価値は認めぬとしても、日常経験から離れることを否定する。ある人が仏陀とは何だとたずねる。――彼は明らかに超自然的存在を何か崇高なものと考えた。――すると、禅匠は答える、「仏陀でないものを探し出して、ここですぐ私に見せてくれ。」阿弥陀の血統が問題になると、禅匠はただちにいう、「彼の姓はカウシカだ*、彼の母は美しい顔をしていた。」

*カウシカは人間であったときの因陀羅の名。欧米でいえば、メーソンでもジョンソンでもいいわけだ。

禅は、こうした博識の仏教学者が禅匠の裏をかくためにもちだすいかなる質問に対しても、ただちに返答する用意がある。仏教者の深遠難解な博学にまさって禅のもつ一つの強みは、禅匠たちは常に足は実地を踏んだ強い確信があり、他の陣営から来るいかなるものにも、その確信をもって対しうることである。仏教者が論理的・常識的・不変であろうとしても、禅は論理の常道にしたがわないし、矛盾も一致も全然念頭におかない。両者は意識の異なった面をそれぞれあるいている。悟りの面には、合理主義の方法をいかに巧みに扱っても、けっして達せられない。両面の間には一つのギャップがあって、それを渡るには、キエルケゴール（Kierkegaard）のいわゆる実存的飛躍（existential leap）を要するが、これに反して悟りの面はひとたび達すれば、知的な面とつねに相即相入するものである。かかる理由で、学識は悟りに対してはまったく役にたたない。禅匠には、学者とはどういう所に低迷しているかが、はっきりわかっているのだが、学者には、自分たちのいる場所がわからず、終始暗中模索しているのである。

道光は仏教の唯識派の偉大な学者であった。この派は種々な意識や心の存在を認め、それぞれに人間の心的活動における一定の仕事を割り当てている。ゆえに道光はこの質疑を禅匠大珠に呈した。

「いずれの心によって禅匠は『至道』に向かいますか。」

「私には使うべき心もなければ、また、向かうべき『至道』もない。」

と、大珠和尚は答えた。

「用うべき心もなく、修すべき『至道』もないとすれば、どうしてあなたはかくも大衆（多くの弟子）を修禅に専心させ、至道に向かわせているのですか。」

「私が錐《きり》の尖頭《さき》ほどの寸土ももたぬのに、どこにあなたのいわれる大衆を宿らせることができよう。私が舌ももたぬのに、どうして私に従うように彼らを説得することができよう。」

「禅匠というものは、よくもまあ、しらじらしいうそがつけたものだ。」

「他人を説得する舌もないのに、どうして私がうそをつくことができよう。」

「私にはあなたのいうことが、さっぱりわかりません。」

と、学者道光がいった。

「わしもわからぬわい。」

と、大珠和尚が答えた。

禅匠が感覚的経験の事実にはっきりと矛盾する意図は、心理学者を説得して、その実在と考えている諸概念に対する不当な執着から、自由にしてやるためである。禅匠は悟りによって得たある有利な基地から、いかなる方面の敵陣をも攻撃に出る。禅匠のもつその基地は空間のいかなる点にも定位しているのではないから、概念と概念にもとづくいかなる体系もこれを攻めることはできない。彼の位置は普通の意味の位置ではないから、知性作用から生まれた手段をもってしては、到底うち勝つわけにはゆかない。いかなる色あいの心理学者・哲学者・神学者も、ひとしく活動中の禅匠をとらえそこなう。彼は自家撞着《どうちゃく》を意に介しないから、合理主義的論議のオフ・リミッツである。大珠は口があることを否定したが、しかも、この非存在の口をもって、うそをつくことはできないなどと主張した。(口といえば)それがなくて食うことができなかった質問者の口と深くかかわりのあったいま一人の和尚があった。魯祖山の宝雲に一人の僧がたずねた、

「ものいえどもいわずという意味は如何《いかん》?」

宝雲がいった、

「お前の口はどこにある。」

僧が答えた、

「私には口はありません。」

「では、どうしてたべる。」

と、和尚は追求したが、僧にはその要点がわからなかった。宝雲は後に僧に彼の答えをあたえた。

「彼はけっして空腹を感じることがないのだから、たべることは不要だ。」と。

口に関する問答をいま一つ引用しよう。石頭希遷《せきとうきせん》の弟子薬山惟儼《いげん》(七五一―八三四)が、僧が野菜を植えているのを見ていった、

「お前の栽培に反対することは何もないのだが、根のつかないようにしてくれ。」

僧が答えた、

「根がつかなければ私たちの同僚は何をたべたらいいのです。」

薬山が答えた、

「お前は口があるのかないのか。」

僧は答えなかった。

すべて禅匠が始終犯すこれらの矛盾や不合理は、事実彼らの強みである。彼らは自分たちの経験から得た地位を絶対確信しているから、自分たちが形式的な論理を超越していることを知っている。悟りは実にある一定した終局性をもつのである。諸君が悟りを得れば、それ以上進む路はなく、完全な満足と安定を感じることを自覚する。これは単に知性作用では達せられないから、悟りは知性の妨げをうけない。むしろそれに反して、悟りの経験を反駁しがたい根本的な事実として注目し、全力をあげてこれを説明せんとするためには、論理が必要となる。従来つかわれている論理の方式が、悟りの経験とそこから生じた問答を説明するに適しないとわかれば、抽象論理によって経験事実をいつわりであるとして証明するのをやめて、哲学者はこの経験に適する一つの新たなる思考方式を発明しなければならなくなるだろう。

3

禅はそのもの自体に成りきって行くという立場であるから、したがって単なる形式崇拝を嫌悪する。形式主義は人を束縛することのみを知って、精神的自由に大して寄与するところはない。知性主義もまた一種の形式主義である。論理の諸法則は人のもちうる最高の創造的熱望までをも歪め、不具にし、抑圧してしまう。禅にとってこれが耐えがたいことは、すでに引用した多くの事例によって知られるとおりである。が、いま少しく、仏教徒によって作られた戒律に反抗した禅匠の例を見ることにする。

戒律を守り、それによって修行することは、有用かつ賞讃すべきことなのであり、僧がこれにしたがってその生活を営むとき、彼らは立派な仏教徒となり、他の人の模範となることは必定であろう。しかし、戒律が単に外面的な挙措《きょそ》を規定する以上に進みも深まりもできないときは、それはたしかに人間の精神的発展に一つの妨げとなり、これは好ましくないことになる。禅匠たちが戒律の甲冑《かっちゅう》を身につけたとき、こうした感じを抱いたのであった。南嶽懐譲《がくえじょう》・南泉・臨済・徳山その他の唐代禅史における大人物は皆戒律の原典を熱心に学んだが、これによって、彼らの内心の要求は満たされなかった。とくに羅漢桂琛《けいちん》（八六七―九二八）の場合がそうであった。彼はある日参集した僧たち（会衆）に戒律を教えていたが、それを終えたとき、彼は戒律は身体の挙措（行儀）を規定する意味のものにすぎず、精神の解脱に導くものではない、また、自分が望んでいることは単に口頭の言葉をもって達せられるものではない、という考えを抱いたのである。

彼はこの考えをもってついに戒律を捨てて、ただちに禅の修行に発足した。

禅は人為的な修行の規定や論理の束縛からの解脱を目的とする。換言すれば、禅は概念から自由になろうと欲する。人間とは概念を創りだし、それによって実在を左右しようとする唯一の存在である。しかし、概念では実在を汲みつくせぬ。というのは、われわれの概念的な扱いからするりと逃げてしまう何かがいつもそこに残っているからである。が、多くの人は軽信しやすいものであるから、自分たちが完全に実在を支配していると想いこみ、あらゆる点で真に自由で幸福だと自分をあざむこうと試みる。この軽信性と自己欺瞞は、意識の表面に訴えるというだけのことでは、長く持続できるものではない、一時的に催眠術にかかっていた深い本性《ネイチャー》が、やがて現われることは必定である。

人間を真に自由にし、解脱させ、彼自身の主人公たらしめる禅の方法は、けっしてなまぬるいものではない。あらゆる概念主義の痕跡は実に容赦なく拭い去られ、金輪際《こんりんざい》手放すことのできないものとして大事にしてきたものまで放棄せよと要求される。つまり、最も徹底した否定が行なわれ、もはや否定すべき一物も無い絶対否定に達するのである。これが大いなる涅槃である。一人の仏教哲学者がたずねた、

「大涅槃とは何ですか。」

大珠が答えた、

「それは*生死の業《ごう》に身を委ねないことだ。」

＊「生死の業」とは「生死をひき起こす業」をいう。仏教者はこの反対物や相対物の世界を生死という言葉で考え、開悟、自由を得んと欲するならば、即ち涅槃を欲するならば、この二元主義を超越せよと教える。

「生死の業とは何ですか。」

と、哲学者がたずねた。

「大涅槃を求めることが生死の業である。汚濁を棄て清浄に執着することが生死の業である。獲得と到達のあるところに生死の業がある。また、そうした相反する観念を取り除こうともせぬ、これもまた生死の業である。」

その僧がたずねた、

「ではいかにしてわれわれは解脱を得られますか。」

「最初から」と、和尚が答えた、「人は束縛されてはいない。ゆえに解脱を求める必要はない。ただ『*それ』（這箇）を用いよ、ただ『それ』を行なえ——これこそ比類ないものだ。」

＊この「それ」の何たるかを理解するのが、悟りである。なぜというに、「それ」は精巧きわまる概念網をもってしても捕えられない、間に髪をいれぬ体験である。ある意味で中国文典がこの点に何らの代名詞を必要とせぬことは意味がある。それは単に「ただ用い、ただ行なう」（直用直行）といい、何を用いるとか、誰が行なうとかいうのではない。動詞だけで、主語も目的語もない。行なう、行なう人、行なった——この三者は一つであり、かつ同じものであり、この「一つであり同じもの」が「それ」（it）である。私は、これをひっくるめて今、"it"とした。英米人にはいくぶんわかりやすかろうと思うのである。

4

人間が歩む道に付随してくる一切のものを否定し去れ、と禅は要求する。この否定する意図すらさらに否定せよという。かくしてわれわれは絶対無すなわち空《くう》に至る。しかし、それでもまだこの状態を意識する場合、十分解脱したとはいえない、なお払拭すべき滓《かす》が残っているのである。事実、わずかでも意識らしい痕跡が存するかぎり、悟りから遠いこと白雲万里である。とすれば、悟りを口にして語るなどとはどうしてできるのかと問いたい。絶対空の心とは空白状態ではない。

それは単なる木や瓦《かわら》ではありえない。しかし禅が求めるところは、それ以上でも以下でもないように思われる。事実禅匠も、人間意識をすっかり滅して、非感覚の無機物となれと教えることもある。いわく、「断碑《だんぴ》古路に横たわる」と、これこそ明らかに非合理の絶頂である。

しかし、これこそまさに禅がわれわれを追いこもうとする境地なのである。なぜかといえば、解脱だとか悟りだとかに達するための一切の知的努力を捨てよと要求したのは、禅ではなかったか。意識の消滅、無機物の非感覚性、否定の無限的連続、絶対無の実現不可能性等の諸観念は、すべてこれ概念主義《コンセプチユアリズム》の所産である。この通路《ルート》から禅に入ろうとするのは、まさに禅の禁ずる反対の道を行くことである。禅はこの道をたどってはけっして達せられない。一僧が雲門にたずねた、

「一つの念も起こらぬとき、何か過誤《まちがい》があるのですか。」

雲門は答えた、

「須弥山《しゆみせん》――。」

この答えこそ、禅がいかなるもの、たとえ鵜《う》の毛一すじほどの概念に似たものすらをも寄せつけないことを、実に見事に示しているではないか。和尚はいう、

「もともと人は束縛されているのではないから、解脱すべきものは何もない。」と。

そうだとすれば、否定を云々することすら大きな過誤を犯すことになるであろう。

巌陽《ごんよう》という人が趙州《じょうしゅう》のもとへ来てたずねた、

「私は和尚のところへ一物も持たずに参りましたがいかがでしょう。」

「そんなものを捨ててしまえ。」

と、趙州はいった。

「何も持っていないのに何を投げ捨てたらいいのです。」

「それなら、かついで行け！」

と、趙州がいった。

こんなところで、われわれがあのこうのと考えているようでは、ほんとうの終局の点を得ることはとてもできないのである。

一人の僧がある和尚にたずねた、

「口頭の言葉に訴えぬ道をご教示ください。」

これに対し和尚はこう答えた、

「口をつかわずに私にたずねろ。」

然り、概念は概念を追い出すために必要であるが、その限界がどの辺にあるかを知らなければならない。禅問答はこの袋小路から脱する唯一の道であるように思われる。その要点は自己をその内面に見ること、自己の存在を見透すこと、知性の作用では意識上にけっして浮かんでこないところの内的根底の働きを自覚することである。それは直覚の働きだという人があるかもしれないが、直覚という観念は二つのものの対面を想像させるから、かえってこれを自知（self-awareness）あるいは自己同一（self-identity）の体験というふうに呼んだほうがよくはないかと思う。禅のなさんとするところは、人にこの体験をもつ機会を与えるにある。それはかかる体験がはたして可能であるかとか、好ましいものであるか、またはいったいその体験の意義はどこにあるのか、などと論議することではない。かくすることは推量に訴えることであり、推量は、いかに徹底的な確信をもたせても、けっして体験それ自体にはなりえず、主体性を欠き、結局、一種の形式主義《エクスターナリズム》になる。禅匠たちは、この体験を経てきているから、十分にこの辺の事情を知りぬいているのである。故に、合理的見地から見た場合は、禅匠たちの即答や反問、または問いを取り上げて逆に問いかけることや、矛盾や反駁は――普通にわれわれが考える意味での答えではまったくない。実はそれらこそ、精神的自由と解脱を実現せんと必死に努力して、まったくどうすることも、身動きもならなくなった修禅の僧に対し、体験という桶《おけ》の底をぶち抜いてやる意味をもつのである。禅はこの求道者の疑団に残されたたった一つの通路なのであるから、禅匠の一語一句が今までまったく閉ざされていた密室の扉を開いて、求道者をその中に導くことになるのはけっして珍しいことではない。

彼が、初祖達摩《だるま》が何がゆえにわざわざ西方よりやって来たか（祖師西来の意、すなわち仏法の真髄）をたずねると、和尚はただ「どこからお前は来た？」という。「真実の一路」をたずねると、和尚は「驢馬に乗っていながら驢馬を探している。」という。また、主客いまだ分かれざる「絶対」が議論の題目にのぼると、和尚はいう、「わしは昔は記憶がよかったものだ。」僧がすかさず「今はどうですか。」といえば、「今はもう耳が遠くなってしまって、おまけに、目もだんだんかすんでくるわい。」と答えた。

　実在を主観と客観の二岐に分けることは知性の働きである。かかる働きが存しないときは、生命は何ら割れ目のない、まったき全体であるから、この老いたる禅師の場合ならば多少とも耳が遠くなったり、目がかすんでくるのは、しごく当然の成り行きといわなければなるまい。ここで最も大事な点は、一切の概念的矛盾を払拭したこの完全な自己同一の状態を真に自知することである。けれどもこの自覚は心理的でも論理的でもなく、いわば霊性的である。というのは、ここでは何物かを自知する者もいなければ、自知せられる対象となる何物もないのである。しかも何もないところに、了了として自知がある。これが悟りと称される。普通にはこの不思議な事柄は意識の対象として起こらないが、それはけっして活動状態を中止しているのではない、事実、全宇宙、すなわち実在《リアリティ》と称せられるものを含めて、われわれのすべては、この「それ」（it）にほかならない。禅の修行の目的は、それになるべく、われわれの相対的意識をととのえることである。

　宋代の禅匠の一人に、この点に触れて次のような説法がある。

「すべてのものがその日常生活にそれを用いていて、しかも、その事実を意識しないからにすぎない。たとえば日月、星辰、河海、淮済《わいさい》、この中のあらゆる生きとし生けるものを含む三千世界は、一つの毛あなから他の毛あなへと通じているが、毛あなも大きくならないし、全宇宙も小さくはならない。この（奇跡の）さなかにおいても、万物はこの事にまったく気がつかない。たとえそれを会得しえても、それを意識せずに進む。（論理的かつ心理的に、すなわち分別的に、意識せずに）。」

かかる事情にもかかわらず、われわれは知的好奇心にかられてその秘密《ミステリー》を探ろうとするが、好奇心をそそるものは実は秘密そのものなのである。この世界を創造して罪の子を充満せしめたのは神である。しかし、その罪の子らがどれだけ罪をつくっていくものかを見きわめることができないものだから、神は罪の子を救うという方法を案じだした。知的な働きというものもこの方法の一種である。こういうふうな考え方をする人もあるかもしれないと思うが、しかし、実際は、神が神自身を見ようと欲して、そのもくろみで、世界と被造物を創造したものが神なのである。被造物が神に達しようと欲するのは、自己を見ようとする神の欲望なのである。神は自己に好奇心をいだいたので知性を創ったが、人間理性を超える最も不思議なことは、神が自己を見ようと欲したことと、理性があらゆる疑問を製造してしかも自ら困惑に陥ることはできるが、この理性をもって神が自らを見るには適当な道具ではないということである。かくして知的傾向をもった者が、その解決を見いだそうとして禅の門を叩くということになる。

5

さて、ここで、二、三の禅匠の例について、彼らがどうして禅を学ぶようになったかを見ることにしよう。

五祖山の法演（?―一一〇四）が禅僧として出家したのは、彼の三十五歳の時だった。錦州にいたとき、彼は大乗仏教の唯識の教学に専心した。唯識教学の中で彼は次のような説を知るに至った。菩薩が止観に入るときは、識は理と冥符し、外界は内界と融合して、見るものと見られるものとの間に差別がなくなる。インド哲学者のある者がこれを反駁していうには、見るものと見られるものとの間に差別がなくなれば、誰が見るという事実を立証することができるのかと。仏教の教学者はこの反駁に答えることができなかったので、彼は聴衆を招集するため鐘を打ったり太鼓を鳴らしたりすることは許されなくなり、また彼はその僧服を剝奪されたのである。しかるに玄奘三蔵《げんじょうさんぞう》（六〇〇―六六四）がインドに渡ったとき、次のごとく述べることによって、この仏教者の立場を救うことができた。「あたかも人の水を飲むがごとし、冷暖おのずから知る」と。この話を聞いて、法演は心中に考えた、「水の冷暖はおのずから知るで、それでよいが、いった

いこの知るという体験の内容はどうなのだ」と。彼は唯識の教師に近づいてたずねた、

「いかにしてわれわれは自己意識の事実に達しうるのか。」

教師はこれについて十分彼に徹底せしめることができなかったので、ついにある禅匠のところへ行って問うように命じたのである。

後になって法演が禅の秘密にすっかり通じたとき、彼は次の説法を示した。

「諸仏や祖師たちはお前たちの仇敵であり、悟りは心の汚れにすぎない。むしろ、無為にして時を閑過する者のほうがましだ。音界にあって音を聞かず、色界にあって色を見ず。しかるにいかにしてこの境涯に達しうるか。さあ道《い》うてみよ。『然《しか》り』といってもだめ、『否』といってもだめ、『然り』そして『否』というも、さらにだめだ。しかしながら、もしも突如として一人の人が現われて『然り』というもよし、『否』というもよし、『然り』そして『否』というもまたよし、といったとき、お前たちはこれに対して何というか。わしならこういう、『わしは貴様がいったいどこで暮らしをたてているのか、そんなことは知りぬいているぞ、それは地獄のまっただ中だ』。」と。

法演が自分の臨終を自覚したとき、彼の会衆を集めて別離の説法をした。

「趙州和尚には末期《まつご》の一句がある。さてお前たちはそれをどう見るか。――お前たちの中でわれこそ末期の句を会得したというものがあれば、進み出よ。真に会得したならば、その身の無礙自在を妨げるものは何ものもない。しかし、いまだ会得せぬというならば、どうしたらわしはこの安楽の事を説明できるだろう。」

こういいながら法演はややしばらく沈黙していたが、続けていった、

「どんなにしてでも、わしはお前たちにそれを教えうる。しかしどんなに最後のぎりぎりのところをいってみたとて、お前たちの依然馬耳東風であることをどうすることもできぬ。わかったか。金持は千（人の）口も養うには多過ぎるとは考えないし、貧乏人はたった一人でも世話する余裕はないのだ。では、さらばじゃ。」

洞山《とうざん》（八〇七―八六九）は晩唐の巨匠で、その名の示す曹洞宗の創始者であった。彼の禅への関心は、『般若心経』中の「無眼耳鼻舌身意」を読んだときにはじまった。この文句が彼をいたく悩ませた。自分の両手で自分の顔をさぐって眼も鼻もあることを確かめ、経文が正しくないのだと思ってみたが、仏陀がどうして嘘をつくだろうか。これは彼がまだごく若いときのことであ

り、その事実は明らかに彼の心が哲学的な傾向をもっていたことを証する。二十一歳になったとき、彼は頭を円《まる》めて、正式に僧戒を受けた。彼が行脚の途上、最初に訪《おとず》れた師は、馬祖（七〇七―七八六）の高弟の一人の南泉（七四八―八三四）であったが、馬祖の忌日が近づいたとき、南泉は例にしたがって雲水たちのために斎筵《さいえん》（食事）の用意をととのえていた。彼はこの機会を利用して彼らに一つの問いを発した。

「明日自分は先師馬祖大師のために特別の斎《とき》を捧げようと思うが、お前たちは先師がわれわれと一緒に食事するために帰って来ると思うか、どうだ。」と。

衆僧誰一人として答えなかったが、洞山が進み出てこういった。

「知音《ちいん》（親しい友）を見つければ、すぐ帰って来るでしょう。」

洞山は次に潙山のところへ行って、「生命なきものまでも説法しうるという説」（非情説法）の話についての深義を会得したいと思った。この話は六祖慧能の弟子慧忠国師（?―七七五）に始まる。話の要点は、「非感覚的な存在（非情のもの）はいかにして大法《ダルマ》を説きうるか」というのである。

潙山はいった、

「わしのところにもまたあるが（すなわち、不断に大法《ダルマ》を談じている非情の存在をもっている）、ただこれを聞きうる者が得がたいのだ。」

洞山がいった、

「どうしたらよいのか、ご教示ください。」

潙山は答えた、

「父母からもらった口ではお前に教えてやることはできない。」

洞山はそこで雲巌のところへ行ってたずねた、

「非情のものが説法する時、誰がよくこれを聞きうるのか。」

雲巌がいった、

「非情説法は非情これを聞くことをうる。」

「では和尚、あなたにはそれが聞こえますか。」

「もし、わしが聞けば、お前はわしの説法を聞くことができぬだろう。」

「良价《りょうかい》(洞山の名)がなぜ聞くことはできないのですか。」

雲巌は、そこで払子を竪《た》てていわく、

「どうだ聞こえるか。」と。

洞山いわく、

「聞こえません。」

そこで雲巌は、

「わしの説法すら聞こえぬお前が、まして非情のものの説法は聞こえぬわい。」

と、結んだ。

この問答が洞山の心を開いた。そして、偈をもって示していうには、

何たる不思議ぞ、
何たる不思議ぞ、
無情の説法は不思議である、
耳をもって聞くならば理解はできぬ、
眼で音を聞いてこそ初めてこれを知るのだ。

この見解は雲巌の証明を得た、そして彼は雲巌のところを去ろうとした。しかし雲巌は洞山に、這箇の事に到達するにはけっして急ぎすぎてはならぬぞと注意を与えた。洞山は雲巌のこの忠告の意味が十分わからなかったが、後に、ある流れを渡ろうとして自分の姿が水に映っているのを見て、忽如として雲巌の忠告の意を悟った。そこで洞山はまた一偈をつくった。

切に忌むべきは他に「渠《かれ》」（這箇の事）を求めることだ、

そうすればますます遠く私から渠《かれ》は離れ去ってしまう。
私は今まったく独《ひと》り自ら行くのだ、
すると、私はどこにいても「渠」に逢う。
「渠」はまさに我なのだ。
けれども私は今「渠」ではない。
すべからくかくのごとく会得することによって、
初めて如如に契合するのだ。

洞山の哲学的なあり方に比較すると、龍潭崇信は実践的なあり方といえるだろう。彼は三十棒を食らわすので有名だった徳山の師僧であった。崇信がまだ餅売りをやっている家の小童であったとき、禅院に住んでいた和尚の天皇道悟のところへ餅を十個持って行くのを常とした。道悟は、よろこんでそれを受けたが、いつも一個残してそれを崇信に与えて、こういった、「お前の子孫が幸いであるように祈って、これをお前にあげるよ」と。ある日、崇信はふとこのことを考えて、「和尚さんはおれの家《うち》の店からおれが持って行く餅の一つをおれに返すなんて変だなあ。特別の意味《わけ》があるのかしら。」結局、彼は道悟のところへ行ってそれをたずねると、和尚は「お前が持って来る物をお前に返して悪いはずはなかろう。」この言葉が少年の心を開悟したように思われる。彼は禅僧として出家せんことを請い、そして、崇信という名を師匠からもらった。崇信は当然、学童が学校で教わるように、正式にかつ正規に禅の指導を受けようと思った。ある日、彼は師匠にいった。

「私がここに来てからだいぶになりますが、まだ禅の心要について一言もお教えをうけませんが。」

道悟が答えて、

「お前がここへ来て以来、私は禅の心要については、朝から晩まで十分教えてやっているではないか。」

「いったいどんな教えでしたでしょうか。」

「お前が、朝、茶を運んで来れば、私はお前からそれを受けとる、食事を出せば、それをたべる。お前がお辞儀をすれば、私は頭を下げて礼を返しているではないか。このどこにお前に心要を指示しておらぬというのだ。」

崇信が師匠の言葉に当惑して、しばらく頭を垂れて考えこんでいると、和尚はいった。

「見るときはすなわち直下《じきげ》に見るのだ。ぐずぐず考えておれば間違えるぞよ。」

崇信は道悟の一句によってその意を了得した。そこでたずねた、

「これからどんなふうにこの心要を保っていったらいいのでしょうか。」

「お前は本性に任せて気のむくままにやっていくがよい。そして縁（境遇）にしたがって自由にふるまってゆくのだ。ただ要は凡俗の心を一切払い去ることだ。他に特別すぐれた心得などは一つもない。」（「凡俗の心」とは、二元的実在観にもとづく思念や想像やその他をいう。これらを払拭すれば、自然に「すぐれた心得」すなわち「悟り」が生じる。）

崇信は後に澧洲《れいしゆう》の龍潭に住庵した。龍潭とは「龍の池」という意味である。徳山が彼を訪うたときいった、

「私は久しい間龍潭のことをずいぶん聞いているが、今ここに来てみれば、潭《ふち》も見なければ龍も現われない。」

崇信がいった、

「お前はまさに龍潭の中に居るではないか。」

徳山は黙然として休し去った。後に玄覚という和尚がこれを注釈して、「徳山が崇信を肯《うけが》ったか肯わなかったか、さあどうだ。もし徳山が龍潭を肯ったなら何をそこで見たのだ？　またもし肯わなかったのであるならば、なぜ徳山は龍潭の後継者（法嗣）になったのだ？」

徳山は龍潭のところへ来る前にすでに『金剛経』の学者として有名であったが、禅に改宗してからは、それ以上般若の論議にふけらなかった。彼が好んで禅徒を扱う方法は、彼の問いに対し「然り」といおうと「否」といおうと、「三十棒」であった。彼が後世のために遺した偈は、禅の

実践的教義の真髄を要約している。「心において無事なれ、また、事において無心なれ。」（Be businessless in mind, be mindless in business.）これは多少説明がいる。原文は「無事於心、無心於事」というのである。「事」（business）は、ここでは、普通の意味でつかわれているのではない。「事」のほんとうの意味は、「事件《アフェア》」、「出来事《イヴェント》」、「偶発事《ハプニング》」、「事実《ファクト》」、「小事件《オカレンス》」などであり、「無事」（businessless）は、ここでは、「かかわらずにいる」、「わずらわされずにいる」、「行為せざるごとくに行為する」、「明日は思わず生きる」、「野の百合のごとく育ち、空の鳥のごとく働く」である。風は吹き、枝は傾《かし》ぎ、花は散るが、風にけっして悪意なく、樹はけっして敵意をいだかぬゆえに、「無事於心」は、風の吹くがごとく、樹の傾ぐがごとく、花の咲くがごとく、鳥の歌うがごとくにあること、すなわち心から、肉欲色情、自己中心の念、権勢欲などを払拭することを意味する。

人間は意識的判断をする存在であり、自己の道に当たるものをことごとく価値づける。人間は被造物中の主ともいえるから、自分の意のおもむくままに、気まぐれの判断にしたがって、好き勝手なことができる。が、同時に、彼の内には、パウロに「わが欲する所の善は之をなさず、反って欲せぬ所の悪は之をなすなり」（ロマ書・第七章一九）と告白させる何かがある。パウロの呼んで「死の体《からだ》」となすこのみじめな絶望状態は、われわれ人間のすべてが自己の内部にいだいている矛盾であり、合理主義的・道徳主義的に設けた標準で事物を判断するかぎり、われわれは、大きな精神的苦しみである矛盾から脱することはけっしてできないであろう。このような矛盾を禅家では、心を乱すところの「事」という。ゆえに、「無事たること」は、知性作用と道徳作用の捕虜とならないようにするという意味である。

「無心於事」は、始めの句をひっくりかえして、客観的になおしたものである。「事」は、日常生活であり、「無心」は、すき勝手な計量を脱却すること、つまり「うちなる人にては神の律法《おきて》を悦《よろこ》ぶ」（ロマ書・第七章二十二）ことである。パウロの「うちなる人」は徳山の「無心」に相当する。巧みに計量する心をもつことは結構なことである、この世界で成功するであろうから。しかし、この心は諸君が真の幸福の住する精神の領域に到達する助けにはならないであろう。諸君の一切の行為と所行において、諸君の世俗の生活を成り立たせる一切の「事」において「無心」であるとき、諸君は、「目に見える望《のぞ》み」でなくて、「目に見えぬところの望み」に満たされる無目的の生活を営むのである。「無心」・「無事」・「無目的」の生活を営む禅者こそ、「神を愛する者、すなわち御旨《みむね》によりて召されたる者」（ロマ書・第八章二八）の一人であり、人間の目的によって召されたものではないことを想起されたい。さらにキリスト教の用語をつかえば、「無心で無事であること」は、「肉の念《おも》い」のないこと、「平安であり、生命《いのち》である霊の念《おも》いをもつこと」なのである。無心であるとは、純粋に自然となること、ないし機械的な無目的という意味に考えうるかもしれないが、禅匠が「無心」という言葉であらわしたいのは、「我を送れる父」の意志を無心無我に受けとることである。

霊の念《おも》いとは「何を食らひ、何を飲まんと、生命《いのち》のことを思ひ煩ひ、何を着んと体《からだ》のことを思ひ煩ふ」（マタイ伝・第六章二五）ことのない意味であろう。しかし、ある禅匠たちの場合には、衣食は精神的な鍛錬に専心することと同様に大切である。「肉の体」（色身）でさえ、現実の経験からして、肉体がなければ精神（法身）も存しえないということを知れば、十分大切にすべきである。もっとも、これは、必ずしも、唯物論者の主張するように、精神を措《お》いて肉体が先にあるという意味ではない。ほんとうのところをいえば、精神を離れて物質なく、物質を離れて精神はない。それゆえ、一に従うときは他を非存在として否定したり、無視したり、打ち捨てたりするべきではない。禅の立場がそのありのままに述べられるというと、これはつねに不二であり、二にあらず、一にあらず、一における二、二における一を意味する。中唐時代の馬祖の有名な弟子だった龐居士《ほうこじ》はある時こう誌《しる》した、

奇蹟的な所行、不思議な行為……

水を運び、薪を運ぶ。

雲峰文悦《ぶんえつ》は宋初の大愚守芝《しゅし》の弟子であった。初めて師匠を訪うたとき、和尚がその門下の者に

こういっているのを聞いた。

「お前たちはここに集まって、野菜の料理をたべるが、一本の茎をつまみあげて、それを茎というならば地獄に堕《お》ちること箭《や》のごとしである。」

文悦はめんくらった。その夕方、和尚のところへ行くと、和尚は、

「お前何しにやって来たのか。」

悦は修行上の指示（心要の指示）をうけたいと述べたが、大愚は食糧の世話方を命じていった。

「お前はまだ若いし、からだも丈夫だ、なぜ外へ出かけて托鉢《たくはつ》をして食べものを集めて来ぬのか。わしは空腹とたたかうように忙しくて、禅のことなどお前に話しているひまはないわい。」

悦はおとなしく師匠の教えに従って、托鉢に歩きまわって時を送った。しばらくして師匠が翠巌という所の寺へ移ったので、悦もこれに従った。ある日、彼は和尚にまたも心要の指示を乞うと、和尚がいった、

「仏法はまだ芯《しん》まで腐ってはおらぬ。今日は雪がふってまことに寒い。お前は外へ出かけて炭を托鉢してきたらよかろう。」

悦は唯唯諾諾《いいだくだく》としていわれたとおりの役目を果たして忠実に復命すると、師匠はまたしても別の仕事をやるように彼に命じた。

「知客《しか》（監督）の役が今ちょっと居らぬから、お前が行ってやってもらいたい。」

悦は和尚の仕打に内心まことにおだやかならぬものがあった。そしてこの和尚は何と非人情な人だろうとさえ感じた。ある日、僧堂のうしろで自分のからだを洗っていると、桶《おけ》のたががはずれて、桶ががらりとくずれた。この出来事で彼の心は開けて「悟り」を得た。彼は急いで正規の僧服を着け、和尚を訪ねた。和尚は彼を見ていたくよろこんでいった、

「お前が大事を果たしたのを見て、わしはまことにうれしい。」

悦はただ礼拝しただけで一語も発せず退いた。彼はそれから八年間和尚のもとにいて、ついに和尚のあとを嗣《つ》いで翠巌の住持となった。

6

玄沙師備が、ある時、こう弟子たちに話した、

「それは大海に深く沈んでいるようなものである。波はお前たちの頭上を越えているが、お前たちは両手をさしのべ、あわれにも、水を求めてやまぬのだ。」

禅はまさにかくのごときものである。禅に入るいろいろの道をわれわれは談ずるが、多大のむだをしているのである。しかしわれわれが理解しえぬことは、われわれが何者で、どこから〔来て〕、なぜ〔来た〕かを知ろうと、終始好奇心を抱くようにつくられている一事である。この好

奇心を満足させるために、玄沙は進んで、必要な人の素質を語る、

「お前たちに告げるが、般若を学びたいと思うかの菩薩たちは、当然偉大な品性と知識をそなえていなければならない。お前たちにして生来の力が鈍くて活発でないなら、日夜精励して、お前たちの内部《うち》に存する最上のものを取り出さなければならない。単なる言句を記憶することに時を空費するな。そんなことをしているようでは、お前たちは誰かが来て、(禅について) 問いつめてきたときにどうしたらいいかわからないだろう……。」

玄沙のさす偉大な品性(大根器)と偉大な知識(大智慧)とがどんな意味であろうと、禅の修行には多大の知的完全と品性の力を要することはたしかである。一つの仕事をあくまで追求することは、とくにこれがため世間事を一切顧みないような場合には、なまやさしいことではない。偉大な精神力の強い支持がなければ、禅を学ぶことは不可能であろう。

まず「大智慧」の目ざめがあって、これが身を深く没する大海の存在を親しく知るということは、いったいどんなことかという疑いを起こさせる。すべてを包み、すべてを溶解する「大海」と自己を隔てるのは知識のはたらきである。というのは、これがためにわれわれは生命《いのち》の泉にあこがれるようになるのである。ここに人間の偉大な精神的悲劇が存する。生命の泉を欲して、し

かも、この水は彼を取り巻き、彼を浸し、彼のからだの組織のあらゆる細胞に入り込み、事実彼自身であるのに、彼はそれを悟らず、彼の外にそれを求めて「大海」を越えようとまでする。

知識はまったく、大きな「禍《わざわ》いの元」であるが、といって知識なくしては、われわれはけっして、それ以上の偉大なものを目ざめさせることはできないであろう。それはわれわれとわれわれが居る「大海」とを分離させるものであるが、もしこの分離がなければ、われわれは永久に盲目無知なるまま波浪の下に眠っているかもしれない。唯一の障害は、玄沙のいうごとく、われわれが、言語・概念およびそれらの種々な結び合せをもって、「大海」を探し求めることである。その結果、われわれは、何も知らず、何も理解せず、人々が助けを求めても、自己の精神的自覚について何もいえず、まったく彼らを満足させてやることはできないのである。

「大根器」と「大智慧」とに恵まれた禅匠の例として、江戸時代初期の禅僧、盤珪《ばんけい》(一六二二―一六九三)がある。彼の経歴は公案時代以前の禅的鍛錬の典型と見てよく、また、禅の形而上的入門といってもよいと思う。

彼は士族に生まれた。父は菅道節という医者で、当時播州浜田村に住んでいた。盤珪は幼時から強い個性の持主であり、当時教えられた手習や漢文を習うことをきらって、いつも課業が終らないうちに学校(寺子屋)から退《さが》ってきた。盤珪が十歳のとき父が死んで長兄が家長となったが、この兄は盤珪のわがままを苦にして、盤珪の早退《はやびけ》を防ごうと思い、帰る途中で渡らなければならない河の渡守に、盤珪を舟に乗せるなと命じた。けれども盤珪は困らなかった。「土地は河の底に続いているし、おれは歩ける」こういって、河へ飛びこんで、もがきながら流れの底を泳いで、どうやらついに向岸に上りえた。当時の子供たちは河の両岸に対峙して石合戦をよくやったが、盤珪が味方をしたほうは必ず勝ったそうである。理由は至極簡単である。つまり、最後の勝利を得るまでは、彼はけっして退却しなかったのである。

盤珪の兄の躾《しつけ》はまったく厳格をきわめたもので、考え方が常套的であり、彼の深い性質を推し量ることができなかったので、盤珪とは折り合いがわるかった。若い盤珪は非常に悲観して、ある日、兄とこれ以上の反目を避けるため自殺しようと決心した。彼は蜘蛛が毒をもっていると聞いたのを思いだし、それをたくさん呑んだ。そして、小さな寺に閉じこもって、静かに坐って死を待った。しかし、この事は起こらずにすんだ。たぶん、しばらくして事が終ったと彼が考えたか、彼の不在の長いのに気づいて、家族が百方捜索の手をつくして捜し出したか、どちらかだったろう。

こんな出来事が起こったのは十歳ころにちがいないが、その後になって、彼は儒教の古典の一つである『大学』を、兄が彼を差し向けた最後の先生とは別の先生のもとで、よろこんで学びだしたが、盤珪は（『大学』の中の）「大学の道は明徳を明らかにするにあり」という一節にひどく悩んだ。明徳とは何であるか。彼はこれを知りたいと思った。先生は、彼にそれを明らかにしてやろうと学識をつくしてみたが、彼を満足させることはできなかった。彼が欲したのは何ら定義や説明ではなくて、（明徳の）本体そのものであった。この疑惑が彼を禅に導いた。次は彼の精神的冒険に関する彼自身の説明である。

「私の父は以前四国で浪人の暮らしをして、儒者であった。私はこの地方に移ってから生まれた。父は私がまだ若い時死んで、私は兄に育てられた。母の語るところによれば、私は少年時代はまったくいうことをきかず始末におえなかった。そしてわんぱくの大将になって、いろいろいたずらばかりやったものである。しかし、私はわずか二、三歳のころから、死という事を異常にきらったらしい。理由《わけ》もなしに泣き叫んだとき、家の者が死者を装《よそお》ったり、死の事を話すと、私はただちに泣きやみ、それ以上家人を困らせることはなかった。

私は少年になったころ、母は私を漢文の先生のもとへやり、原典の読み方を習わせた。当時この地方では儒教が盛んだった。『大学』の中の「大学の道は明徳を明らかにするにあり」という章に及んだとき、私には文意を了解できなかった。「明徳とは何だ」、私は通りぬける道を見いだすことができなかった。私の疑惑は容易に解くべくもなかった。私は儒学者の間を、「明徳とは何ですか」「それはどんな様子をしているのか」とたずねて、あるきまわった。しかし、誰一人としてこの問題について私の蒙《もう》を啓《ひら》くことはできなかった。そして、いった、自分たちがこうした質問を取り扱うことはむずかしい、いっそ禅匠のところへ行った方がよい、(禅匠なら)それについて教えられるかもしれない、と。そしてさらにいうには、自分たちの仕事は、主として、儒教の書物を読んで、そこに表現されている語の文字的意味を解釈することに存する、明徳そのものについては、自分たちは何ら知るところはない、と。これには失望したので、私は禅匠を訪ねようと決心したが、当時この辺には禅寺は一つもなかった。

けれども私は何としてでも明徳の何たるかを知ろうと決心した。また、年寄った母がその死の日を迎える以前に、何とかして、親しくこの明徳というものを知らしてやらなければならないと決心した。この問題をかたづけようと思って、あらゆる機会を利用した。どんな仏教の説教や講義をも聴き、耳に入ったこうしたあらゆる会合に出かけもした。会合から帰ると、そこで覚えてきたことを何でも母に話した。しかし、こうした彷徨にもかかわらず、私の「明徳」に対する知識はいっこう進展を見なかった。

ついに私は禅匠を見つけようと決心した。その一人を見つけたので、彼を訪ねて明徳についてたずねた。彼は、明徳の何たるかを知ろうとするなら坐禅せよ、と私にいった。そこで、私は坐禅をやることにして、山に登って、洞穴《ほら》を見つけ、そこへはいって、突兀《とっこつ》たる岩を物ともせず、敷物もなく、そこに坐った。私はしばしば七日間も通して断食して坐禅をつづけた。ひとたび坐れば何が起ころうと意に介せず、それに没頭し、それがため命を賭《と》することさえあった。結跏趺坐《けっかふざ》をつづけたあげく力尽きて、岩から落ちたこともしばしばであった。食べ物を持って来てくれる者は誰もなかったから、私の断食は実に数日間も続いた。

かかる苦行（それは何らの結果をもたらさなかったが）の後に、私は村に戻り、そこに小さい小屋を建て、その中に閉じこもり、横にもならずに念仏を唱えて多くの日を送った。かくして幾日もの日数は経たが、心はいらだつばかりで、明徳の何たるかを依然として見きわめることはできなかった。

夜昼、惜しみなく休みなくからだをこのように扱ったので、尻はただれ、皮膚は裂け、非常に苦痛だった。しかし、私は当時丈夫だったから一日も横にならなかった。傷口の出血になやんで、私は数枚の柔らかい紙を得て、席の下に敷いた。私はたびたび汚れた紙を取り替えなければならなかった。時には紙の代わりにぼろ綿を使った。こういうふうにして、私はけっして一日一夜も寝床に身を休めようとしなかった。かくして私は数年間刻苦しなければならなかったが、その結果、とうとうある日、急病にかかってしまった。私は病人となってしまったが、「明徳」の問題は依然未解決のままであった。そうだ、私は実際、それまでのところでは不成功のままに、それと取り組みながら、一所懸命に努力してきた。

私の病気はしだいに悪くなって、ますます弱ってきた。つばを吐いた痰に親指ほどの血がまじっていたが、後にはそれが血のかたまりとなった。一度私が壁に吐いたら、血のかたまりが滴々として壁面をころがり落ちるのを見た。深切な人々が私の状態を心配してくれて、その隠れ場所で静養するように説きすすめ、一人の召使をよこして私の世話をさせた。病気はついに明らかに危険の段階に達したので、重湯《おもゆ》のほか何もたべられなかった。私は自分が死なんとしているのだと覚悟した。この世に特別な執着はなかったが、生の大問題を解かずに死んでゆくのが非常に残念だった。私がこのように物思いにふけっていたとき、のどが何かいらいらしたのでつばを吐いた。出てきたのは、黒い血のかたまりで、滴々ところがった。これで多少私の胸がやすまったが、その時不意に、この世の一切のものは「不生《アンボーン》」ということできわめて造作なくかたづく、という観念が頭にひらめいた。この考えが私の意識の全域を占め、私は、今まで始終間違った道にあって、つまらぬ事のために多大の精力を空費していたことを悟った。

私はまったく生まれ変わった気がして、その歓喜はじつに筆舌につくしえぬものがあった。食欲が回復したので、ただちに看護の召使に粥《かゆ》を用意してくれとたのんだ。彼は、死にかかって今まで重湯も啜《すす》れなかった病人が、思いがけなくもっと実のあるものを要求したので仰天したが、その言いつけにひどくよろこんで、急いで粥を用意した。彼は大急ぎでそれをつくり、私は待ちきれずに、十分煮えないのにそれをたべた。その結果、粥にはまだ半煮えの米粒がまじっていた。私は大急ぎで二、三ばいたいらげたが、少しもからだにさわらなかった。からだはしだいに回復して、いまだに私は生きている。

私は熱望していたことをなし遂げたので、それに関する一切を母に語った。そして母は、安楽な人として、往生を遂げたのである。この体験を得てから、私は私を反駁することのできる者に出会ったことがない。しかし、もし、この体験以前、私が狂気のように自分の道を探し求めていた際、誰か私に進み方を教えてくれることのできる人があったなら、真理を探求してあまで不必要に身を労することはなかったろう。長年にわたる真剣な求道はいたく私のからだを弱めた。そして今でも私のからだはあまり丈夫なほうではない。したがって、自分の思いのままに出かけて行って皆さんに会い、「不生」について語ることのできないのがはなはだ残念である。

当時、私の「不生」の発見を証明してくれる適当な人を見つけるのに、多大の困難を経験した。実のところは、中国から来て長崎に滞在していた（禅僧が）一人あった。彼の立派（な人）だったことは、まったく非の打ちどころのないものだった。実際、良師に乏しいことのためにどれだけいらぬ苦労をしなければならないかわからないのだ。私が毎日皆さんに会いにここに来るわけは、皆さんが悟りを得られたとき、それを証明するにあるのだ。今日皆さんが（悟りに）近寄りやすくなったことは、まことによろこばしいことと申さなければならない。私はいつでも皆さんの経験を証明できるからだ。もし経験があるなら遠慮なく進み出て私に語ってもらいたい。なければ私の話をよく聴いてめいめい自分で決定《けつじょう》してもらいたい。」

7

それではこの「不生」とは何であるか。盤珪自身に語ってもらうことにする。

「皆さんの誰もが親から享けているものは「仏心」にほかならない。この心はけっして生まれなかったもので、決定的に智慧と光明（霊明）に満ちている。生まれぬがゆえに、けっして死なない。しかし私はそれを「不滅」とはいわぬ。仏心は不生であり、この不生の仏心により、一切の事が完全にととのうのである。

過去・現在・未来の三世の諸仏、われらの中に現われた歴代の祖師たち――これらはいずれも皆生まれた後に、めいめいに与えられた名にすぎないから、「不生」の見地からすれば、いずれも皆、第二義的な、末のことで、本体そのものではない。

皆さんが「不生」に住すれば、一切の仏陀と祖師が出てくる根本に住していることになる。

仏心は不生だということを皆さんが確信するときは、誰も皆さんの居る場所を知らず、仏陀や祖師でさえ皆さんの居場所を突きとめることはできず、皆さんの本性は仏祖もこれを覗《うかが》い知ることはできない。皆さんがこの決定的確信（決定《けつじょう》）に達すれば、畳の上に安坐して活如《いきによ》来《らい》となるに十分である。私がやったように孜孜《しし》として骨を折る必要はまったくない。

皆さんがこの決定に達した瞬間から、皆さんは、人間を正しく見る眼が開かれる。これは私自身の体験である。私は「不生」の眼を得てから、けっして人を誤って判断したことは一度もない。この眼は誰の場合でも同じである。それゆえ、私の宗派は「明眼宗《みょうげん》」という。なおまた、皆さんがこの決定を得れば、皆さんは不生の仏心におかれ、そこに生き、それととに生きる。仏心は両親から享けるところのものである。ゆえにわが宗の別名は「仏心宗《ぶっしん》」である。……

ひとたび皆さんが仏心は不生で霊明であるという決定を得れば、けっして他人にあざむかれることはない。鵜《う》（黒）は鷺《さぎ》（白）だと全世界が主張しても、鵜は生まれつき黒く鷺はもともと白いということが、人々の日常の経験からはっきり知られて、けっしてだまされることはない。仏心は不生で霊明なもの、この不生の仏心で人は一切事がととのうとの決定を得れば、皆さんはけっしてものを見誤ることもなく、偽りの場所におかれることもなく、道を迷うこともない、これが世の末まで如来として生きる「不生」の人である。……」

盤珪の自覚《リアリゼーション》に関する上述の記事から、禅に到達する彼のやり方はどうであったか、不可知性《アンノワビリテイー》に満ちた領域の知られざる宝を求めて、いかに砕身粉骨これ努めたか、そして結局、多年にわたる彼の冒険の結果は何であったか、こういったことなどをわれわれは知ることができる。なおわれわれは、苦行時代に彼の心を占めていた思念についても、もっと詳細に知らなければならないが、彼が悟りを得るまでに通らなければならなかったコースの概略《あらまし》は多少は知ることができる。この概略は、禅匠たちが賞美する悟りの何たるかを一般に理解させる一助ともなるであろう。

盤珪はまず『大学』の教えの中心問題たる「明徳」から出発した。多くの儒学者は明徳というようなものがあると認め、自分たちの仕事は先生から授けられた型どおりの課程に従うだけのことと考えるのである。彼らは普通ある規定された諸法則を外面的に求める。盤珪の場合はちがっていた。彼はいわゆる明徳の何であるかを自分の眼で知り、自分の手でつかみたいと思った。単なる話や説明ではけっして満足できなかった、具体的なものと取り組みたかった。具体的ということは禅の最も強みとするところで、事実、それこそ禅を他の一切の宗教的または哲学的な教えから区別するところのものである。盤珪が禅に入り来たらなければならなかったことは、まったく自然のことだった。

知るということは、知られるものを知る者に対位させることであり、知られた知識はつねに二岐に分かれることを意味するのであるから、知識はけっして物自体にはなりえない。われわれの知るのは、物に関するある部分、すなわちそれの可知的な部分であり、もちろんその全体ではないのである。知識に関するかぎり、知識は事物の外に立ち、けっしてその中へ入りこめない。しかし、真の意味で事物をほんとうに知るということは、その事物になるということ、内部的にも外部的にもその全体がそれと一体になりきるということなのである。が、人はいかにして、自分が知りたいと思う対象と自己を一体にすることができるのか。知ることは外側に立つことであり、対象に関する真の知識が得られないことになるならば、人は自分をなくしてその中にすっかり融けこまなければならない。しかし、そうなると、知る者はもはやそこになく、彼は失われ、彼が対象に融けるとともに、知識自体が不可能となる。知るということは知らぬということになり、知識は無知になり、無知が知識になる。けれども、かかる矛盾に安んずることはできないから、何か知識を超えて、しかもこれを保持する道がなければならない。私がこうして私であり、また、こうして物をしゃべっているときは、いかにもこの「私」というものは何かを知っているようである。しかし実際は、私は私を知らない。私に関する私の知識は、それの全体ではない、それ自体ではない。客観化されたもの、知る者としての私から離れたもの、である。それ（「私」）は、私の外側にある私であり、私に対して立つ私である。「私である」ところの「私」は、「私は知る」の「私」ではない。そこに「私」の分離があり、この分離が私の一切の悩みの種なのである。存在している「私」、すなわち生きている「私」は、もはやここになく、解剖され、殺されている。かく殺された「私」はうめき声をあげるのだ。盤珪はこのうめきからのがれんため、力つきて、ほとんど死ぬばかりであった。彼が悟りを得たとき、初めて「私」が我に返ることができたのである。悟りはある意味で知識《ナレッジ》のようなものだと考えられるかもしれない。何かに関する知識《インフォメーション》を与えるからである。しかし、悟りと知識との間には質的な相違がある。両者は根本的には同一の単位で量ることのできないものである。知識は知りえた事物の部分的観念を、しかも外面的な見地から、与えるのみである。悟りは物全体の知識であり、部分の集合物ではなくて、不可分のもの、それ自体で完全なのである。もう少し常識的にわかりやすくいうならば、悟りの場合には未分化の全体が内側から把握されるのである。けれども、悟りにおいて把握された全体には、実は内側も外側もない、かかる一切の差別を超越しているのである。かく、悟りは、認識論的見地から吟味するかぎり、知識の分野ではまったく特異《ユニーク》なものと見られるものである。

信仰《フェイス》はその対象と個人の全き主体や人格や存在との間の絶対的一致であるから、この点は多少悟りに似ているといえる。しかし、神を信仰の対象として外部的に存在するものと考えるかぎり、信仰すなわち悟りということはできない。悟りの場合には、神は主体で客体ではない。神は個人の内にあり、彼の存在の全域を占める。だから個人は神の内にあり、神であり、完全に神と一枚になっている。悟りによって、神は神自らを意識する。悟り以前においては、神は私と何の関係もなかったものである。悟りとともに、神は神自身になるという仕事をはじめる。つまり、神は神自身を私に知らしめるのである。神は私自身であり、しかも、そこになお私自身ではないものがある。神と私とは同一物ではない。両者は二で一であり、一で二である。ゆえに、悟りとは私の全人格で獲得すべきものであって、分裂した我によって、すなわち私の人格の一部、知的作用でもって獲得せられるものではない。

悟りには信仰と同じく、抽象化、一般化、普遍化という問題は存在しない。悟りは一つの体験だというけれども、それはまったく正しいとはいえない。というのは、悟りはすべての体験を可能ならしめるものであって、他と差別される単独の体験ではないからである。悟りは普通の意味の経験を超越するが、われわれの経るあらゆる経験の中に存する。われわれが一つの経験を語るとき、それは何か一人の個人に起こったことであり、何かその個人に外的に加わったことであり、それに感じて何か特別に応答することである。しかし、悟りの場合には、かかる外的・部分的な感動《アフエクシヨン》は意識面に生じない。心理学的にいえば、悟りの経験はある人の人格の根底をなしている無意識《アンコンシヤス》のおのずからなる自発なのであって、この無意識は普通に想像される意識の底の何かではない。悟りにおいて目をさまして自分に立ち返った無意識は一種の宇宙的無意識であり、一切の個人的意識はその骨格として、この宇宙的無意識を根底にもっている。ここに悟りが単なる心理学的出来事たる以上に本体学的意義をもつ所以がある。

盤珪が明徳を、彼の人格の一部分をもって経験されるもの、すなわち、客観的に彼と対面しているもの、知的自我の対象などとして把握しようとしている間は、どうしてもそれを得ることはできなかった。彼が熱心に追求すればするほど、対象は彼から後退《あとずさ》りした。それは彼自身の影を追いかけるようなもので、その結果はまったくの疲弊であり、全存在の崩壊であった。このような追求は、着ている着物をたえず一寸きざみにしているようなものであった。盤珪があわれむべき様相を呈したのは当然であった。しかし、奇妙なことに、真理は、一人の存在の表面的な構造がくずれた後にのみ、現われるものなのである。

盤珪が儒教の明徳から出発して、仏教の考え方である不生の発見に終ったことは、まことに意義深い。儒教は倫理的諸概念をもって一貫しているもので、中国の実践的心性と一致する。中国の精神は哲学を長所とせず、インド思想が仏教を媒介として普及するまでは、中国には偉大な哲学者はなかった。仏教の刺激がなかったならば、中国は依然として、宗教をもたぬ・特記すべき哲学《メタフィジクス》をもたぬ・固苦しい儒教国だったかもしれない。盤珪の宗教哲学的意識が最初「明徳」によって喚起されはしたけれども、彼が自己の存在の深さを実地にきわめたいと念願したならば（彼は実際そうしたわけであるが）、いつまでも「明徳」のみに頼るだけでは、とてもやってゆけなかったろう。彼は仏教の宗匠たちを巡って、一緒に経典を読み、念仏を唱え、真言宗にならって神秘的な儀式（真言秘密の法）を行なった。それらはそれとしてまちがっていたわけではけっしてなかったが、そういうことがどれ一つとして彼を満足させなかった。だから、彼は禅の示す修行をやってゆこうと、すなわち、坐禅をやることに決心した。彼はそこに、何か彼の気質や素質にかなうものを見いだしたにちがいない。彼が悟りを得て、その悟りをさらに思索した後で、「不生」の観念が彼の悟りをあらわす最上の生きた表現であり、当時の人々を悟りの実現に目ざめしめる最適の手段であると確信した。

「不生」は盤珪の全存在から湧いた彼の悟りの内容であり、それが発展して、彼は終始「不生」の中に「不生」とともに生きているように感じたのである。彼の生活のどの瞬間も皆「不生」の表現であった。ゆえに彼の場合には「不生」は静的な概念ではなかった。いいかえれば、彼は不生を空間的に直覚したのではなくて、時間的に直覚したのである。つまり、彼は不生に生きていたわけで、生きている自分が不生であることを知ったのである。これが悟りである。

盤珪は不生と仏心を一つに見ている。この（仏）心はあらゆる感覚的存在（有情）に本来具わっているもので、この心によって人は身体を通じて感覚し、感情を動かし、推究し、想像し、一切の人事を営むのだといっている。それゆえ、不生は霊明である。不生といい霊明といい、古い言葉であるが、盤珪の意味では、不生は空虚な抽象語や概念的な普遍語ではなくして、生きている・活力のある・具体的な・個人的な観念なのである。

ゆえに、悟りは悟った者のみの絶対の所有である。それは伝達することもできないし、分割することもできない。悟りは悟りそのものであり、権威そのものであり、悟りが自分を自証するのであり、厳格にいえば、他の何びとの証認をも必要としないものである。それはそれ自体で充足している。だから、悟りを相手にどんな懐疑が批判してみたところでどうすることもできないものである。なぜかというと、懐疑主義そのものがそもそも悟りをもたなければ成立しないもので、いいかえれば、悟りが懐疑というものを仮に存在せしめているからである。懐疑主義者はいったい自分が智に訴えて合理化するその理路と自分とが一体になっているこの事実までは論難し去ることはできないのである。懐疑者は悟りを得て初めて成功するが、この場合、彼は彼のスケプティシズムを否定することになる。換言すれば、悟りを主張するのである。したがって、当然、悟りを得た人々は、権威をもって語り、いかなる反対者や懐疑者にも、その根拠を譲ろうとしない。禅者のある一人のいわく、「われは天龍の一指頭の禅を得たが、一生これを使い用いてもなお使いつくすことはできない」と。また、あるいは「たとえ釈迦、達摩が現われて、否といおうが何といおうが、真向から三十棒をくらわすぞよ」と断言する。

盤珪が備前の三友寺で説教していたとき、学識ある日蓮宗の一僧侶が訪ねて来た。この僧はその学識をもって聞えていたが、盤珪の評判が彼を（世間から）隠してしまうので盤珪をきらっていた。僧は盤珪に議論を吹っかける機会をさがしていた。盤珪の説教の最中に、彼は大声で叫んでいった、「あなたのいうことは一言も信じられぬ。どうしたら私のような人間をあなたは救うことができるのだ。」盤珪は、もっとよく話のできるように前へ進み出よと手招きした。僧はすぐ応じて近寄ったが、盤珪はなおも近くへ来てもらいたいと思っていった、「もうちょっと前へお進みなされい。」僧がさらに前へ進んだとき、盤珪がいった、「とくとおわかりでござろうがの」と。学僧が盤珪を反駁することに成功しようと思ったならば、彼は彼自身の存在を反駁することに成功しなければならなかった。それが不可能であるならば、誰も盤珪の地位をくつがえすことはできないであろう。

彼の「不生」の観念を一般聴衆にもっとわからせるために、いつも彼は次のようにいった。

「あなたがたが私の説教を聴きにここへ来る途中に、また、現に説教を聴いているとき、鐘の音、鴉《からす》の声を聞けば、ただちに鐘が鳴っている、鴉が啼いている、と聞こえる、けっして誤らぬ。目で見る場合にも同じことである。とくに注意して見るわけではないが、ある物を見るときは、ただちにそれが何であるかを知る。これらの不思議を行なうのはあなたがたの中の『不生』である。あなたがたがすべてかくのごとくであるかぎり、霊明な仏心である不生を否定することはできない。」

この議論は（心理学上の）無意識や直覚を思わせ、必ずしも盤珪の「不生」の概念を思わせないかもしれないが、「不生」は事実それ以上はるかに深く、精神的意義をもっている。事実上、盤珪はこの点で非常に誤解されている。不生が感覚的刺激に対する本能的または無意識的な反作用およびそれらの心理的な複合によって活動させられるのだなどと、ことさら説明する要はない。要は、各個人におけるかかる意識・無意識一切の活動が「私はある」、「私は存在す」という基礎的観念によって起こるということである。デカルトの信条、「我思う、故に我あり」(cogito ergo sum)は、盤珪にあっては、「我感ず、故に我あり」または「我知覚す、故に我あり」(sentio (or percipio) ergo sum)であろう。この「我あり」(sum)を最も深い意味において理解したとき、「不生」を得るのである。無意識の反作用という心理学的解釈にとどまる人は、けっして盤珪を理解することはできない。また、自己意識の観念を骨折って追究しても、「不生」には至りえないであろう。かかる知的骨折りは、「我あり」を合理化作用の俎上に解剖せんとする残酷な企てにほかならないからである。「我あり」というものが全き「一」であり、生き生きとしていてこそ、初めてわれわれは不生に至りうるのである。デカルトの'sum'は、認識論的であり、したがって二元論的であり、存在の岩床、世界の根底、万有の根源にいまだ触れていない。デカルトは哲学者であり、盤珪は禅匠である。この二人の差というものは、おそらく、西洋の心と東洋の心との相違であるといってよかろうと思う。

今まで述べたいろいろの点からして、盤珪はその一切の所有、その全存在をあげて、不生への到達に投入した、ということが彼には、いかにもあたりまえで、必然であったことを知りうるのである。キリストは「求めよ、さらば与へられん。尋ねよ、さらば見出さん。叩けよ、さらば開かれん。」（マタイ伝・第七章七）と教える。この尋ね、求め、叩くことは、誰でもできる至極簡単なことに考えられるが、事実はなまやさしいことではない。この「簡単な」行為は、全存在をもってなされなければ、神からの何の応えもない、すなわち、自ら死に切ってこそ初めて生き返ることができるのである。ここから復活というシムボリズムが生じてくるわけである。日本近代の有名な禅僧の一人無難（一六〇三―一六七六）はいう、

「いきながら死人となりてなりはてておもひのままにするわざぞよき」

生きて死ぬこと、あるいは死んで生きること、これは論理上では不可能であるが、この不可能を禅匠は実行しろというのであるが、死に切ったところから行なうあらゆる行為こそ、「善し」としてたたえられるのである。しかし、この不可能が実行できる前に、盤珪その他の禅匠たちが経た一切の体験を通らなければならないということを忘れてはならない。叩くに応《こた》えて戸が開くということはやさしい仕事ではけっしてない。全存在をまずその戸に投げ出さなければならない。悟りは「実存的飛躍」であり、実存的「飛び退《すざ》り《リーピングバック》」でもある。人間の精神生活はけっして一本道ではない。その運動はいつも循環的であり、出ることは入ることであり、その逆も真である。無限の「生きながらの死人」こそは、盤珪の「不生」である。

8

このように禅に入る道はいろいろであるが、その道のそれぞれに一貫した特色がある。それは普通に「何か知識の領域を超えたもの」と考えられている何物かを把握せんとする欲求である。これは禅の熱心な求道者たちが定義や解釈や仮定などにはけっして満足せず、何かほんとうに具体的なもの、人間的・個人的なもの、何かこれこそ自分のものだとはっきり主張できるもの、内的満足を与えるもの、自己の存在の外から加わったのでなくその存在の内から生じたもの、停まっていても動いていても終始これとともにあって離れず、影が形に添うごとく、振りすてようと思ってもすてられぬもの、を欲するということなのである。これこそ彼自身の自我《セルフ》以外の何ものでもない。

禅への道は哲学的・情緒的・宗教的・実践的であるが、最後の目的は悟り――禅体験あるいは禅意識に与えられた用語――なのである。さて、悟りは心理学的な面と形而上学的または認識論的な面との二つをもっている。公案工夫の場合には、形而上学的な面ではなくて心理学的の面が強く表面に出てくることが多い。しかし悟りがある決定的な人生観・世界観である以上、一般読者には哲学的な言葉でもって表現したほうがよいかもしれないが、ただし、この場合、禅は何かまったく特殊なものであるから、その最上の表現は、禅独特の慣用語句によるに越したことはない。他の形式に翻訳すれば、その生命力を失うばかりか、禅そのものでもなくなる、ということを考慮しておく必要はある。

悟りをかく見るというと、それは禅だけに限られるものではないことがわかる。浄土教徒の中に、しかも公案によって妨げられないため、ある意味ではもっと純粋な形で、見いだされるのである。浄土信者は禅の人々ほど知的傾向をもっていない。彼らは阿弥陀《あみだ》の支配する浄土の生活にあこがれる。彼らが十分な開悟を得るのは浄土だけである。この地上にあって実現できる精一ぱいのことは、浄土往生が決定しているという強い信念であるが、もし彼らだけのままであったならば（弥陀の救いがないならば）、地獄に堕ちることは必定《ひつじょう》である。浄土信者は、極楽に生まれかわるということは、何としても結局、この土にあって弥陀の現前に摂取されていることと何ら変わりはないのだという強い信念、つまり安心をもつものであるが、浄土教の教えとしては、通俗的に考えられているところでは、死んで後極楽に生まれかわる、というふうに説くのである。この教義のことはともかくとして、彼らの再生（往生）の確信は彼らの悟りである。少なくとも、こういうふうに、禅者は浄土往生を解釈するのである。念仏を公案と同等に見て、しばしば悟りに至る助けとしての両方法の効果を比較するが、念仏は厳格な意味では公案ではない、独自の歴史をもち、独特の方法で行なわれているもので、両者を混同してはならないのである。

近世日本の公案禅の大家ともいうべき白隠は、念仏によって悟りを開いた二人の浄土教徒のことを語っている。その二人は円恕と円愚という名であった。彼らは専ら念仏を唱えていた。円恕がまず自己の打成一片の境地に達し、忽然として自覚するにいたり、浄土往生の決定的確信（決定）を得た。彼はその住まいのあった山城を出発して、遠州の独湛《どくたん》老人という和尚に会いに来た。

湛はたずねた、「どこから来たのか。」

円恕が答えた、「山城からでございます。」

「貴僧は何宗だ。」

「浄土宗です。」

「阿弥陀如来の年は幾つだ。」

「私と同年です。」

「貴僧は幾つだ。」

「阿弥陀と同年。」

「この刹那に阿弥陀はどこに居る。」

円恕は左手を握りしめ、それをそっとあげた。独湛はこの浄土信者が念仏によっていかなる種類の往生安心を得たかを知って驚いた。いま一人の円愚も間もなく安心を得たといわれている。

真宗信徒の場合には、念仏は浄土宗ほど強調されない。真宗は浄土宗の分派である。往生思想に関しては、両者ともそれを教義の根本として、かたく主張する。真宗では、往生は「一念」の行為であり、「南無阿弥陀仏」という念仏をたった一声唱えれば往生の安心を得ると教える。諸君は往生の安心を得るために死ぬまで待つ必要はない、安心はこの世に生きているうちに得られ、それは日常生活において成就した事実であり、仏教語では「平生業成《へいぜいごうじょう》」という。ところで、問題は「いかにしてこの事は達せられるか。いかにして一念仏がこの事を成就させるか。阿弥陀の他力がいかにしてこの奇跡を作り出すか。われわれはいかにしてそれを確信（安心）できるか。」である。

物種吉兵衛《ものだねきちべえ》（一八〇三―一八八〇）は近世の最も代表的な真宗信者であり、死の問題と決然と取り組んで往生の安心を得たのであった。彼は、死が刻々近づきつつあり、賢愚を問わず何びともそれをのがれることを許さぬものとして、死の観念にいたく悩んだ。彼は生前に得られる安心としての「平生業成」を読んで、実際そうかどうか、もしそうならば現にそれを経験した人を見つけ、できればその人から教示を得たいと思った。彼はこれらのことどもを考えて眠れなかった。わが身をどうしたらよいのかわからなかった。この事情を妻に語り、良師を探しにしばらく出かけさせてくれまいかと頼んだ。彼はまったく短兵急だった。彼はすすめられるままに一人の師から別の師へと辿って、「往生の安心を十分得ないうちに平和に死ぬことができるものかどうか」をたずねた。誰も彼に満足な答を与えることはできなかった。彼は自分が家郷からどれほどの遠くに来たかもさとらず、一国から一国へと流浪した。家を離れてどれほどの時が過ぎたかも意識しなかった。自分の目的は果たせぬままに家に戻って来たとき、同じ子だと認めなかったほどに嬰児が大きくなっていたのに驚いたのであった。

そのうちに彼は近在の立派な僧のことを耳にして急いで訪ねた。その坊さんのところにしばらく滞在して、真宗の教えについてあらゆる質問をしたが、結局、その坊さんも彼が熱心に求めていた人ではないとわかった。そこで大阪に行って、西方寺の僧を訪ね、これまで彼を悩ませてきた一切の点をたずねた後、吉兵衛は最後にいった。

「私は死んでゆくことができませぬ。」

そこで西方寺の僧がたずねた、

「死ぬことさえできればよいのかな。」

そういって、『領解文』* を取り出し、このテキストを、どれほど、吉兵衛が理解しているか答えさせた。この試験を行なっているうち、吉兵衛は、まさしくこの西方寺の僧こそ「他力」を探し求める彼を真に助けてくれるお知識だということに気づき、一ぺんに目があいた、といっている。

上に引用した『吉兵衛言行録』は、とくに彼の「往生の安心」の事実に言及してはいないが、西方寺の和尚が、吉兵衛のそれまで長い間その下で呻吟してきた「自力」思想の重い層を、一枚一枚取り除かせたことは明らかである。これを行なうため、西方寺はスカルペル（ペンのように使う外科用小刀）として『領解文』を用いた。それによって、吉兵衛は、自分にこびりついていた自力の最後の痕跡をも消すようになったのである。というのは、『領解文』は絶対他力説を教えて、聞きたいと願う念さえ「自力」から発するとして否定する。――この願いは、この相対的な人生に生きている間に往生の安心を望む信者の側から見れば、普通きわめて正当な願いなのであるが、西方寺はこの点にまったく積極的であり、吉兵衛にたずねた。

「あなたはまだ『私はそれを聞いた』という念を抱いているのではないのか。また、あなたは『私は聞かされた』という念をまったくすてているのか」と。

これに対して吉兵衛は答えた、

「私は、聞こえましたと申しあらわすこともできませぬ。また、聞こえませぬと申しあらわすこともできませせぬ。」

西方寺がいった、

「あなたのいうとおりだ、吉兵衛さん。仏法を領解《りょうげ》するに越すものはありませんぞ。」

＊領解文《りょうげもん》または改悔文《かいげもん》は百字に足らぬトラクト（宗教小冊子）である。領解は理解を、改悔は改悛を意味する。文はトラクトまたはテキストである。それによれば、ありとあらゆる雑行・雑修・自力のこころをすべてふりすてて、一心に、阿弥陀如来、どうかこんどの一大事の後生おたすけくださいとお頼みする。この頼む一念のとき往生は決定、達成される。そのゆえは、少しでも自我自力の跡が存するかぎり、阿弥陀の救いの手はけっして保証されないし、心に毛一すじほどの我をいだいても、阿弥陀をそこに迎える余地はないからだ、と教える。

表面上静寂ではあるが、真宗には禅宗と同様、荒れ狂う潮流と弁証法的な巧緻《こうち》が存する。真宗は、杖や棒を振わないし、一喝をも用いないが、禅者以上に真理と救済を求める純粋な人々、幻影《ヴィジョン》の明晰さ、彼らの踏む根底のたしかさ、広く同情しあう社会感情の実施などが存する——かかる諸資質は禅者よりも真宗信者の間にしばしば目立って見うけられるのである。しかも、意義深い事実、真宗の真に生きている力が、在家の信者の間に存して、職業的な僧侶間に存しないということであり、僧侶が一般に腐敗堕落しているのはまことになげかわしいしだいである。遺憾ながら、ほとんど同じことは、ごく少数の例を除いて、禅宗僧侶についてもいいうるのである。

真宗は禅宗ほど悟りを挙揚せぬが、もちろん真宗にも悟りのあることは疑いのないところである。ただ真宗は、禅のように特に公案と関連して際立ってあらわれる心理をもたない。真宗は見ることのかわりに聞くことを強調する。聞くことは比較的受動的であり、見ることは動的・積極的・知的である。他力本願の真宗の教義は当然いかなる型の自我《セルフ》の活動をも否定するから、そこには何ら弁証法は存しない。それは「聞け、しかし、聞くな」とか、「橋流れて川流れず」などといわない。終始聞け聞けと教えるだけであり、その結果を差し出せと要求しない。真宗信徒は公案信徒のように悟りの体験を何ら期待しない。彼らはただ聞いたものを「領解」して、それをこの世にあるうちに往生の安心にまで発展させようと願う、それが「平生業成」である。聞くこと、聞かされること、聞く者について、自己意識の痕跡があるかぎり、真の聞くことは存せず、したがって安心はない。真宗に一種の悟りがなければ、かかる聞くことはありえない、というのは、これは推究や仮定の達する範囲内のことではないからである。吉兵衛はいう、「難行難修による一切の自力の念が払拭されるとき、あなたの内部《うち》には聞手《ききて》と名のる何ものも残らない、このゆえに、あなたは（真宗の教えに関して）聞くいかなることをも聞きのがさないでしょう。」『吉兵衛言行録』は、かかる深い宗教的言辞に満ちている。そして、それを純粋に味わうことのできる、また、それ以上現にそれに生きている真宗信者が多くいる。禅界よりも真宗の在家信者の中のほうに、純粋で実践的にはたらく悟りの例が多いことは、否定できない事実である。これは主として、真宗には公案制がないということによると自分は考える。真宗信者は一般にそれほど学識もないし知的傾向もないから、口やかましく喋々せず、黙々と日常生活のうちに彼らの（安心）をつくりだし、祝福と喜悦と自分たちを見守りたまう阿弥陀仏に対する感謝の念をいだき、この信仰のため私心なくよろこんで奉仕する先達《せんだつ》を中心に集まったときには、ことにこの念を強くするのである。かかる信者の中には文盲の者もあるが、その表白する精神的真理は驚嘆すべきほどである。ここにその一部がある。作者は才市という者で石見の国に生まれ、昭和八年一月、八十三歳の高齢で没した。彼はもと大工であったが、履物屋に転職して死ぬまで、下駄つくりならびにその仕入れをやった。彼の教育は限られていたから、下駄をこしらえながらつくり、木を削りながら書いたその歌は、大部分かながきで、かつ、いずれもあまり正確ではない。この英訳は自由に意訳したものである。

世界も愚痴で
わしもぐちで
あみだもぐちで
どうでもたすける
ぐちのおやさま
なむあみだぶつ

わたしゃ、あなたに目の玉もろて——
あなたみるたま
なむあみだぶつ

才市《さいち》どこが
浄土かい
ここが浄土の
なむあみだぶつ

阿弥陀仏の御名《みな》をきき
これが才市になる仏で
この仏すなわちなむあみだぶつ

もらわれて、こころ浄土に初まいり
また帰るしゃばの悪趣に
衆生さいどをさせてもらいに

V　公　案

1

　真剣に求道する者ならば誰でも自ら解決しなければならないところの三つの問題がある。これがかたづかないと、その人の心は安んずることができないものである。
一　仏陀とはいったい誰であり何であるか。
二　心とは何であるか。
三　どこからわれわれは来たのか、そしてまた、どこへ行くのか。
「仏陀とは何であるか」という第一の問いは、正覚（菩提・悟り）の本質に関する疑問である。

仏陀とは「覚者」（開悟せるもの・悟れるもの）の義である。「仏陀とは何ぞや」とたずねることは、正覚とは何だと尋ねるのと同じである。われわれが悟りを得れば、われわれは仏陀である。すなわち、人は皆仏性を具有している。仏陀とわれわれとの相違はただ、われわれは皆その仏性が煩悩におおわれているので、いまだ悟りを得ていないという点にある。ゆえに、仏陀となるために必要なことは、われわれの仏性をおおいかくしている煩悩を一掃することである。これによってわれわれは「煩悩とは何か」という次の問いに対する。人が仏陀と仏性をひとしくするならば、最初から皆仏陀となることはどうしてできないのか。本性をおおい、仏陀となることを妨げる煩悩とは、どこから来るのであろうか。ここから「心とは何ぞや」という第二の大問題が出てくる。

「心」、漢語で心《しん》、日本語で心《こころ》は、多くの仏典では二重の意味に用いられる。その一つは、一般の意味の心、すなわち人間意識であり、また他の一つは、一種の宇宙的な心・全霊《オーヴァーソウル》・多様性の一切を帯びた宇宙がそこから発する最高原理である。仏教徒が「心」とは何ぞやと味わうとき、この後の方の心を意味し、仏性と同一視するのである。「心《しん》」と「性《しょう》」とは、互いに取り換えることができるものである。一を知れば他を知る。人が仏性を得るときは「心」を見る。「心」は「仏性」をつくるものである。「仏性」は「心」であり、「心」は「仏性」である。ゆえに第一の問題は第二の問題に帰し、第二の問いは第一の問いに帰するわけである。

生死*（saṁsāra）の問題も、また結局「心」の問題であり、また「自性」の問題である。人が

「自性」と「心」を了知すれば、自分はどこから生まれて来て、どこへ去るのかを知るのである。これを知ることによって、生死の束縛を解かれ、自由となる。というよりは、むしろわれわれは、元来天地創造よりこのかた絶対に自由だったことを自覚するのである。この自由の悟りが、そのまま、仏となることであり、心を見ることが「見性」なのである。真摯な仏教徒を悩ますこの問題は、いずれも互いに関係しあっている。一を取り上げれば他の二つが伴う。一つの結びめを解けば、三つの結ぼれが皆一時に解けるのである。

＊生死は仏語でハイフンを付けたほうがよい。梵語でsaṁsāraとは「縁によって起こる」または「繰り返し繰り返し転変を経過すること」の意。中国仏教徒はこれに「生死」すなわち「誕生と死亡」をあてる。これは涅槃（無変化・永久・絶対）に対比される。生死を超越することは、業の束縛から解かれること、解脱・開悟・永久の至福を得ること、すなわち成仏することである。

最も力をこめて語られている点は、仏道の修行とは、生死を脱し、悟りを得て成仏すること、心性を徹見することのために修行するのである。「直ちに『心』を指せば（直指人心）、自性を洞見し、仏性を得る（見性成仏）」という禅の眼目は、「心」と「仏性」の関係を示すものである。

生死の問題は一つの根本的な問題を多少異なった角度から呈示している。「心」と「自性」は実在の根底を指向するわけだが、生死は実在の現象方向に関している。もし「心」や「自性」が生死を越えるものならば、すなわち、一切の死にゆくべきもの、はかなきものを超越するものならば、「心」だの「自性」だのという観念と正反対のものを本質的特色とするこの世界が、いかにしてありえようか。この疑問は、キリスト教の神学徒が出合う「現在のような罪悪と不完全に満ちたかかる世界を、全智全能の神がいかにしてか創りえたのだろう」というのとまったく同じである。

仏教徒はつねに仏性と生死を対照させて、本性に帰すべきことを説く。しかし、われわれがひとしく皆、生死と反対の自性を授かっているものならば、どうしてまた、不完全なこの世界にわざわざ出て来て、そこから起こる一切の悩みを通過するのであろう。これは永遠の矛盾であり、また、人間の存在そのものの中に含まれているものであり、われわれがこのままであるかぎり、そこからのがれる道はない。この事実こそ、早かれ晩《おそ》かれ、われわれを駆って、精神的修養の埒《らち》の中に追いこむものなのである。

この矛盾そのもの、またはそれを脱することを、禅家では「この事」、「この道」、「一大事」とよんでいる。矛盾に気づくことは、それを超越することを意味する。この超越は「この事」を構成する。禅にとって超越することが自覚であり、禅経験の内容を構成している。この経験事とは、

「この事」、「事」、儒教の用語をつかえば「道」を解消することである。かくして一切の形態の論理的矛盾は解消される。「事」とはこの解消の起こる一点である。禅はこの一事において了畢《りようひつ》する。

宋代の大慧《だいえ》（一〇八九―一一六三）によれば、禅者は次の諸問題と対決する。

「われわれはどこから生まれて来たか。どこへ去り行くのか。この去来を知る者は真に仏者と称しうる。しかし、この生死を通過するこの者は何びとか。また、生の去来を少しも知らぬ者は何びとか。生の『去来』を忽然悟る者は何びとか。また、この公案に面して、自分の目を集中させることができず、了解することを得ないため、まるで熱鉄丸を呑みくだして容易に吐き出すことができないかのように、自分の内部のまったく混乱するのを覚える者は誰か。もしもお前たちがこの者の誰なるかを知ろうとするならば、理性の埒内に彼を連れて来ることのできないところに彼を会得せよ。そう彼を会得すれば、お前たちは彼が結局生死の交差を越えているのだと知るであろう。」

大慧《だいえ》はここで生死の問題に関する彼の意見をきわめて強調していることが知られる。彼の場合にはなはだ意義をもつ点は、その活動の全域にわたって自己を意識するもののことを述べ、しかも、この「意識」は、相対的に限定された普通一般の意識の領域となって現われえないという点である。諸君がこの方法で（一般的・相対的に限定された意識で）彼をとらえようとするとき、彼はつねに諸君を惑わす。ついに彼をとらえたと思ったときは、手に残るものは、彼の空しい影にすぎない。それは、日常生活で何ら実際のたすけにならぬ単なる抽象概念である。それは、諸君が弁証法的巧妙さをもてあそぶところに存する。禅はけっしてかかる知的妄想に満足しない。禅の把握せんと欲するものは、すべてこれ現実となって、諸君の組織の全細胞を通じて呼吸し、諸君の全鼓動とともに振動する底のものである。これが超意識とか無意識的意識と称せられるものである。正規の仏教用語では、「無分別の分別」、「無心の心」、「無念の念」である。これでもまだ、禅の胃袋にとっては、こなれが悪いわけで、禅匠は自己の家風にしたがって「この事」と表現する。

「私が青州にいたとき、一領の布衫《ふさん》（一種の襦袢）を作った、その重さは七斤であった。」

「一、二、三、四、五、六、七。七、六、五、四、三、二、一。黄河は九度その進路を迂《う》回して崑崙山《こんろんざん》から流れる。摩訶般若波羅蜜。」

春の山重なりあえる

緑また緑の上に
春の水流るるままに
漂わす碧《みどり》の影を
人独《ひと》り寥々《りょう》として
天地《あめつち》の間に立てり
その遙《はる》けさの限りも知らに（『碧巌集』）

私は脇道へそれたが、私がここでいいたいことはこうである。諸君がいかなる方面から禅に入ろうとも、諸君はひとしく皆、事物の種々相にあらわれて種々な名称をもつ同じ「彼」に遭遇するということである。前記の引用文において大慧は生死の門に通ずる道をわれわれに示して、無意識に自己を意識する「彼」の現存にわれわれを導いた。次の例において、薬山（七五一―八三四）は直接に「仏性」と「心《しん》」の問題を衝き、それらが否定にも肯定にも、死にも生にも、そればかりか、否定即肯定のところ、肯定即否定のところ、すなわち生死の存するところに、また、生も死も存しないところに、現われることを示した。これは、混乱の上に混乱を重ね、結句何のことかさっぱりわけのわからない感じがするかもしれないが、しかし、禅というものは、知性的な見方からすれば、わけのわからないことに努力すると見ることもできるのである。

薬山が初めて石頭《せきとう》（七〇〇―七九〇）のところへやって来たとき、彼はたずねた、

「三乗と十二分教については私も多少深く学びえたと思いますが、今南方ではやっている、直指人心を説いてそれによって仏性を透見し仏道を得る教えにいたっては、まだ何らの知識もありません。願わくはこれについてご教示にあずかりたい。」

石頭がいった、

「肯定も不是《ふぜ》、否定も不是、肯・否また不是。」（その意味は、「何々だ」といってはだめ、「何々でない」といってもだめ、「何々であり、何々でない」といってもまただめ、いずれもみなだめだ、というのである。）

薬山にはこれがわからなかったので、石頭は彼を馬祖（七〇七―七八六）のところへ行くようにすすめた。馬祖の禅法は当時揚子江の西（江西）ではなはだ盛んであった。薬山は馬祖のところに来て、石頭に伝えたと同様な質問をすると、馬祖は答えた、

「わしは彼に眉《まゆ》を揚げたり目をパチパチさせることもあるし、させないこともある。彼が眉を揚げたり目をまばたいたりするとき、うまくいくこともあるし、いかないこともある。」

この言葉はただちに薬山の眼を禅の真理に向かって開かせたが、彼にはどうそれを表現していいかわからなかった。恭《うやうや》しく馬祖に礼拝するのが精一ぱいであった。

「薬山よ、この礼拝はどういうわけだ。」

「私が石頭のもとに居りましたとき、一匹の蚊が鉄牛を刺しているようなものでした。」

これが返答として薬山がいいえたすべてであった。

薬山は、まだ禅に興味をもたなかった時分すでに仏教哲学を卒業して、仏教の思想と経験の全域にわたる三蔵の教義に十分通じていた。しかし、その心底には、何かしら単なる抽象化や合理的論議に、あきたらないものがあった。それで、禅の教えが何ら知識的な思索その他を用いずに「仏性」や「心」を扱うと聞いたとき、彼の精神的好奇心が湧いた。理論に関するかぎりではもう十分であったが、石頭・馬祖など禅匠の流儀で仏教の真理がわかろうとは予期していなかった。石頭はまだしも理論の跡を追っているといいえたかもしれないが、馬祖のいわゆる揚眉・瞬目の手段はまったく寄りつくすべもなかったが、これが薬山の急所を突いたにちがいなかった。今まで眠っていた彼の心底に強く触れたにちがいなかった。

この事件の後三年の間、薬山は馬祖のもとにいた。ある日、馬祖がたずねた、

「近ごろ、お前はどうしている。」

「皮も肉も脱した一つの真実があるだけです。」

と、薬山は答えた。

後に彼は旧師の石頭のところへ帰った。石頭は薬山が岩上に坐禅しているのを見て、たずねた、

「ここで何をしているのだ。」

「何もしておりません。」

「では、お前はぐずぐず坐っているのか。」

「ぐずぐず坐っていることすら、何かしていることになります。」

「お前は『無為』というが、無為というのは何のことだか聞かせてくれ。」

「あなたが数千の賢者を呼び集めても、彼らはその意味をあなたに教えることはできないでしょう。」

石頭は、薬山が禅の宗理を了解したことを心から是認した。後に石頭は、たまたまその会衆に対して次のような言葉を吐いた。

「言葉も行為も（禅とは）何ら関係はない。」

薬山はこれに注を加えて、

「非言語、非行為もまた没交渉だ。」と。

石頭がいった、

「ええい、わしのところには針の尖《さき》だにいれる余地はないわい。」

薬山これに和して、

「わしのところは岩に花を植えるごとしだ。」

石頭と薬山は互いに違うことをいいあっているようだが、両者とも同じことを語っているのだ。

彼らが否定や矛盾、言葉や行為について語っている間は、両者は合理主義の面に立っているのだが、針劄《しんとう》不入や岩上の花というときこそ、彼らはほんとうに禅の立場にあるのだ。

2

禅に近づく第三の入口は「生死」の問題であるが、これは「仏性」や「心」の問題の裏側と見てよい。事実両者を分離することはできない。仏性は清浄にして汚れなきものと見られているが、それだけにとどまるものならば、われわれとつながる道はない。非存在と同じである。いやしくもわれらが「仏性」や「心」を口にし、これに到達せんと欲するならば、とにかくそれはわれわれに姿を認めさせなければならない。少なくともそのしっぽをあらわし、それを人間の意識がつかみ、全体を白日に曝《さら》さなければならない。仏性は、生死の中に、また、それを通じて理解すべく、生死はその内に仏性を抱合しなければならない。仏性は生死から、すなわち、事物の多様性から逃げ出すことによって把握さるべきではない。仏性が生死の中に存しなければ、それは汚濁煩悩のこの世界の外に、その清浄な安住所をもつと考えざるをえない。そうなれば本然《ネイチャー》と生死の二元論が起こり、キリスト教神学の場合と同様、罪の問題は神の意志に関するだけのことで、人間の理解の領域外のこととして打ち捨てられぬかぎり解決は得られないであろう。これまで繰り返し述べたように、禅は二元論に反対し、二元論の手引きによってはけっして達せられない立場を占めている。立場といっただけでも、二元論的に解釈されそうなおそれがあるが、禅の立場は空間的・時間的関係を少しももたないものと考えてよい。生と死を語ることが、すでにある限定を行なうことであり、仏性は清浄でなくなり煩悩を伴うのである。かくして、禅はわれわれに清浄と煩悩、仏性と生死が自己同一的である一つの道を指向するのである。この意味で次の問答を見てもらいたい。

一僧がたずねた、

「いかにしたら三界から遁《のが》れることができましょうか。」

「お前は即今《いま》どこに居るのだ。」

と、師が答えた。

別の僧がたずねた、

「私はこの生死の世界から遁れたいと思いますが、どうしたらいいでしょうか。」

「生死を遁れて何の役に立つのだ。」

と、師がたずねた。

「私は正しい仏教の戒律を得たいと思います。」

「お前は戒律をどうしようというのだ。」

「生死の輪廻《りんね》から脱《のが》れたいのです。」

「生死と少しも関わりなく、戒律に用の無い一人が居るぞ。」


次のごときは、比較的巧妙な方法で生死の問題を提出する。


「昔」と、一人の役人がある和尚に尋ねた、

「壺の中に雛子《ひよっこ》を飼っている男がいた。しばらくすると、雛子は大きくなって、壺から出られなくなった。そこで今おたずねしたいのは、壺をこわしてもいけないし、家鴨《あひる》を傷つけてもいけない。和尚さん、家鴨を出すにはどんな方法がありましょうか。」

和尚が時に怒鳴った、「お役人！」

役人は「はい、和尚さん」と答えた。

すると、和尚は勝ち誇っていった、

「ほら、ここへ家鴨が出たわい。」

趙州《じょうしゅう》が庭を掃《は》いていると、一人の僧がはいって来てたずねた、

「和尚は悟りを開いたえらい方だのに、まだ掃くべき塵《ちり》があるとはどうしたことですか。」

趙州がいった、

「塵は外から来る。」

別の僧がある時たずねた、

「ここは清浄な寺の境内であるのに、どうしてまた塵があるのですか。」

趙州がいった、

「そらまた一塵が舞いこんだ。」

別の僧がたずねた、

「すっかり掃き清められて一塵もないときは、何というつもりです。」

趙州がいった、

「狼藉《ろうぜき》入るを許さず。」


これらの問答ははっきりと生死に言い及んではいないが、根本的には皆この問題に触れているのである。われわれ皆を悩ますものは、「神は不死で一切の煩悩の跡をとどめぬのに、何ゆえにこの生死があるのか、何ゆえに仏性と煩悩汚濁の人間との間にこの永遠の対立があるのか、何ゆ

えに傲慢と謙遜との間・個人主義的な自己主張と高きものへの自己放棄との間にこの苦闘があるのか」ということである。仏教的な考え方では、生死が一方にあり、清浄心が他の一方にあって、両者をいかに架橋すべきかが問題である。実践的には、禅の問題は、結局他のあらゆる宗教が遭遇するものと同じであるが、ただ禅の解決策には、何かまったく特異な、宗教思想史上にこれまでその比を見ないものが存するのである。

「無辺際の広きを充《み》たす三千大千世界はこの一毛端にあり、過去と現在の幾百劫も、始めから終わりまで、この現在の瞬間（刹那）から寸分も離れておらぬ」といったならば、多少哲学的訓練をうけてきた人々の多くには、理解しがたいこともないと思う。しかし、次のような問答が行なわれると、禅者たりともその意は測りがたいであろう。

高沙弥《こうしゃみ》が薬山和尚の寺にやって来たとき、たまたま雨に逢った。薬山がいった、

「高、来たな。」

「はい、和尚さん。」と高がいった。

「ひどく濡れたな。」

「和尚、そんなに鼓を打ち鳴らしてはいけません。」

薬山の高弟の一人の雲巌が、たまたまそこに居あわせていった、

「革《かわ》がない太鼓をどう打つのか。」

いま一人の弟子の道吾がいった、

「太鼓もないのにどんな革を打つのですか。」

薬山が結論した、

「今日はたいへん結構な音楽会をやった。」

ある日の晩餐時に、薬山和尚は自らそれを告げる太鼓を打った。高が自分の鉢をもって踊りながら入って来た。薬山はこれを見て、木槌《きづち》を投げ捨てて「この曲は何だ。」といった。

高「第二番目です。」

「第一番は何だ。」

高は飯櫃《めしびつ》から飯を一杯すくって部屋を出て行った。


兜率《とそつ》（有名な宋代禅僧の一人、?—一〇九一年）の三関《さんかん》という有名な公案があるが、仏性と生死の関係がよく定義されている。

「草を分けて発心し、行脚に向かう者は、ただ本性を見徹せんことのみを眼目とする。そこでわしは次の問いをしよう。(一) この刹那(即今)に汝の本性はどこにあるか。(二) 汝が汝の本性を見得したならば、まさに生死を脱得するのだ。では、汝の視力が地に落つる時、(死ぬ) その刹那、さあ、いかにして生死を脱得するか。(三) 生死を脱得すれば汝は死んでからどこへ行くかがわかる。さあ地水火風の四大が分離してしまった後、汝はどこへ向かって去るのか。」

3

禅に入る門は上記の三問に限られているわけではない。事実入るべき門は無数にある。個々の心が多様であるように、それに相応して個々の道もまた多い。われわれはそれぞれ他人に侵されない自分一個の道をもち、それぞれ独自の方法で問題を解決する。禅匠がその人のためにつくしうることは、せいぜい一つの方向を彼に与えることで、その方向に歩むのは個々の人の仕事である。禅の参究に最も根本的なことは、何はともあれ、悟りに達すること(見性)である。悟りが得られぬかぎり、諸君にとって、禅は存在しない。諸君は一切の経典的・哲学的教えについて十分な理解をゆたかにもたれるかもしれないが、諸君の心が、いわゆる精神的真理に目ざめなければ、禅徒ではないのである。

昔、ある僧が『法華経』を読んでいて、「諸法（一切の事がら）従本来常自寂滅相《ナリ》」という一節にぶつかった。これに疑問をおこして、何となく心中落ちつくことができなかった。行住坐臥の間にも、彼は一心にこの句を熟考したが、少しもかいがなかった。しかし、ある月明の夜、夜《や》鶯《おう》のうたうのを聞き、たまたまそれが『法華経』中の一節の意味に対して彼の目を開かせ、こういう詩を詠じた。

諸法従《リ》㆓本来㆒
常《ニ》自《ラ》寂滅《ノ》相《ナリ》
春至《テ》百花開《キ》
黄鶯啼《ク》㆓樹上㆒

万物は原初《はじめ》より
常永久《とことわ》に寂静である。
春の来たるとともに、花々は咲きひらく。
われは聞く、鶯の、柳の小枝に啼《な》けるを。

これは明らかに春という季節の客観的叙述にすぎない。そこには経典の一節を引くほか、この僧の心中に起こったことを、暗示するものは何もない。しかし、この僧と同じ体験を経たことのある人には、この詩はこれ以上あらわしようのないほどの意味に満ちている。どんな道をたどって入り来たったにせよ、この深旨に触れうるあらゆる所、そこに禅があるのである。

これは諸君に、すでに示した蘇東坡の廬山の詩を想い起こさせるであろう。ここでは白隠の降雪を歌った和歌を引くこととする。

きかせばや
篠田《しのだ》の森の古寺の
さ夜ふけ方の
雪のひびきを

白隠は当時古い田舎寺にいて坐禅三昧に耽《ふけ》っていた。雪は烈しく降り、夜はしんしんとふけ、静寂があたりを領していたとき、重そうに雪の積もった枝が、ふいにその重荷を振い落としたらしく、どさっという鈍い音がした――それが禅定から白隠をさまさせた。歌は彼の内心に起こったものを何も語らない、ただ客観的な言葉でそれを叙述するのみである。その文学的意味のかぎりでは、白隠の悟りの深さをはかるすべはない。同じ体験を実際に経て来た人のみがおのずから味わいうるのである。それで中国の詩人もこう歌っている。

詩は会《え》する人に向かって吟じ、
酒は知己に逢うて飲む。

しかし、大燈国師の和歌は霊性的な牧牛の歌だが、そこには多少悟りの逆説の匂いがある。

耳に見て　　君が耳もて視
目にきくならば　目もて聴くならば
うたがはじ　　たしかに君は心に得るであろう
おのづからなる　自然に落ちる
軒の玉水　　軒の雨垂れを！

「自然に」(naturally)は日本語で「おのづから」である。原語はきわめて含蓄に富んだ語である。"naturally"と訳しては、日本語の含むすべてを伝えるかどうかおぼつかない。「おのづから」は、自然性(naturalness)・自発性(spontaneousness)などのほかに、如実(suchness)・あるがままのもの(thing-as-it-is-ness)という意味がある。禅の見地からすれば、それは単に耳で聞き、目で見るだけのことではない、つまりそれが、耳で見、目で聞くのである。これが、感覚と知性の世界を超越して、光と闇・善と悪・神とその創造物の(現われる)以前の事物の状態に入ることなのである。ゆえに大燈国師の歌の「おのづから」はその最も深い精神的な意味を了解すべく、単に「自然に《ナチユラル》」の意味ではない。この「自然的」から「精神的」への転形、または異なれる二つの意味機能《センスファンクション》の間に起こる交流が悟りの内容を構成する。これこそ白隠らの客観的叙述が、禅に触発された心の持主に、まったく異なれる感動《インスピレーション》をあたえるゆえんである。

禅の見地から見れば、世界はその中心に禅が位置する一つの円に似ているといってよい。禅はこの中心から周囲のあらゆる点に交通線を放射する。禅はゆえに外部の世界に起こるいかなる事件にもすぐ感応する。ちょっとそこに触れても、禅はそれに応じて突進する。ちょうど、よく張った網の中心にいる蜘蛛《くも》のように。心理学的にいえば、人間の意識の周辺に起こるいかなる事も、その秘密の振動を無意識の禅的中心に伝えるから、いやしくも敏感で同時に打てば響くように反応を示す人々は、無感覚ともいうべきものを発展させる。そしてこの禅感覚ともいうべきものがしだいに、そして、結局、無意識の禅的中心のほうにその人を導いて行くのだ。すると彼らは自己の内にかかる中心点がほんとうにあるかどうかを見きわめようと、もちろんまだ真闇《まつくら》なのであるが、心をおののかせながら、手探りで歩きはじめる。さきに引用した薬山の場合がこれであったが、事実他の多くの人の場合もこれに変わりはない。彼らは単に抽象的なものには満足せず、何か具体的な生き生きしたものを手に入れたくなる。彼らは自分たちの内面にある最後のものとはあまりかかわりのないような単なる学識から得られるものには飽きて、絶えずその内部に何か自分たちをしきりに急がせるものを感じ、それがつねに彼らを先へ進ませ、その結果、ついに禅的無意識の中心に到達する。そしてそれを一つの意識状態として悟るにいたるまで進むわけである。もっとも、それは普通の意味でつかう意識ではない。そして、これこそ悟りそのものにほかならないのである。彼らを推進する一切のものがその極に達して悟りとならざるをえなかったのである。

馬祖の弟子の一人盤山はいう、われわれが達しうる禅的実現の最高の状態である悟りは、一人から一人へ手渡しできるようなものではない、すなわち、それは絶対に個人的なものであり、繰り返しえぬ、そして他の者には伝達しがたき、一人の人の創造的体験である、と。宋の巨匠慈明《じみょう》によれば、何千という禅匠が得たといわれるいかなる悟りも、悟りというべきものではない、すなわち、いやしくも悟りだと示しうる悟りは悟りではない。人がもちうる何千という経験から、一つだけ取り出しうる特別の経験ではないからである。これだとして取り上げられるならば、悟りは人間の意識上に起こり、明確に限定され、個人的に区別しうる出来事の一つにすぎない。さて、京都大徳寺の大燈国師はこれら昔の禅匠の述べたところを注釈して、「これらの昔の和尚たちは黒漆桶裡《こくしつつう》の黒汁を言い争う二匹の鬼のようなものだ（急須が薬鑵を黒いとよぶ類のむだな口論の意である。）。自分は悟りとは賢者の歩くところにあるといいたい」と、こういっているのであるが、悟りは特殊の個人の専有物ではない、賢愚・貴賤・貧富を問わず、誰にでも頒《わか》たれるものである。無意識の禅的中心は、一切の外面的意識がそこから出発すると同時にまた復帰する一点である。――しかし、この一点は推理作用や概念作用で決定できるようなものではない。

盤山、慈明、大燈はいずれも、悟りとは人間意識の限定を越えて行く道だと口をそろえていっているようには見えないかもしれない。しかし三人とも実に同一のことをいっているのである。それは悟りの体験者が自己のできるかぎりの表現をもっていいあらわしているのである。とにかく悟りがないところに禅はない。禅と悟りとは分けられないもの、一つのものである。ところで今、問題は、禅経験を熱望する人たちはどうしたら悟りが得られるかという点である、昔の禅匠たちのように高尚豊富な資質に恵まれてはいないが、それを切に欲するわれわれに悟りをもっと近づけることはできないであろうか。古僧たちは、究極の実在に対するその強固な意志力と飽くなき願心とによって、「無意識」の闇黒をとおして自己の道を見いだしたが、彼らと異なる人々は、何か一定の方法の助けを借りなければならない。もしそういう助けがあれば、それに導かれて、われわれは一歩一歩実現に至りうるであろう。悟りそのものは一人から一人へ伝えがたきもの、すなわち、何か話したり書いたりして教えがたいものではあるが、われわれは皆本来その精神的巡礼において、何か悟りに似たものにつねにあこがれているようにつくられているのである。もしそうならば、悟りの方向を指示して一つの道を開いてくれるものは、禅匠たちの親切以外にはないのである。

禅の公案制はかくして存在するようになり、多くの禅徒によって用いられている。公案は文字どおりには「公府の案牘《あんとく》」、つまり公文書のことであって、それによって禅匠が弟子の得た了解の深さをテストするのだと思われている。実際は今のところ、一種の解答すべき問題として弟子に与えられる。禅を学ぼうとして禅匠のもとに行くと、師は片手をわれわれの前に突き出して、その声を聞けというだろう。もちろん何の声も隻手《せきしゅ》からは聞こえない。いわゆる常識に関するかぎり、隻手に声など聞くことはできない。が、そこに禅の「コツ」がある。この明らかに無意味な命題によって、禅はわれわれを一つの窮境に追いこみ、機縁が熟したときにこれを脱することを、われわれに望むのである。この脱得が悟りなのである。

「隻手」の公案は、第十七世紀の日本の偉大な禅匠の一人白隠の発明にかかる。彼以前に最もよく用いられた公案は、「無」または「無字」であった。それは現今でも「隻手」とともに用いられている。「無字」は「無」という文字の意であり、漢語の「無」は nothing (無)・non-entity (非実在)・non-being (非存在) という意味である。「無字」の公案は唐代の趙州 (七七八—八九七) から出たもので、彼が狗子に仏性ありや否やを問われたとき、「無」と答えた。趙州の心にそれがいかなる内的意味を持とうとも、公案としての「無」は、その起源と特別の関係はない。それは単に「無」であり、その他の何ものでもない。

公案に「無」を用いたのはおそらく宋代の五祖法演 (?—一一〇四) が最初であったろう。もちろん、それは彼が禅の真理に対して弟子の眼を開く手段として採用した公案、または話頭*の一つであったが、後にはほとんどもっぱら最初の眼を開くための公案として用いられるようになった。

＊「話頭」は文字の上では「話の頭」であるが、ここでは「頭」には別段の意味はない。「話」は師弟間の問答または事件であり、あるいは、師の与える問いである。宋代以後の禅匠にひろく用いられた「話頭」の幾つかを示そう。

一、「万法は『一』に帰す、『一』何れの所にか帰す。」趙州曰く、「われ青州にありしとき、一領の麻衣を作る。重きこと七斤。」

二、「心に一念も起こらぬとき、過ありやなしや。」雲門答えて曰く、「須弥山！」

三、明上座が慧能に禅の秘訣をたずねたとき、慧能いわく、「不思善、不思悪、さあこの時、汝が父母いまだ生まれざる以前の本来の面目を見よ」と。

四、趙州が祖師西来の意味をたずねられたとき、「庭前の柏樹子」と答えた。

五、「お前が死んで、焼かれて、灰と散ったとき、さあお前はどこにあるか。」

公案制が創始されない前は、禅を学ぼうと志す僧は禅院に行って、大概は坐禅に時を送ったり、また、畑に働き、野菜をつくったり、薪《たきぎ》を集めたり作業に従事した。多くの者は和尚の説教や、むしろ簡潔な警句的な論議を傾聴し、禅について彼がいだく疑惑は何でも質問した。しかし、なかには禅を真に了解する道を見いだすことのできない者もあったわけである。抽象的なことを瞑想したり、ただ坐禅して自分の諸思念をことごとく意識面から駆逐しようと、いたずらに時を費す者も多くあったにちがいない。公案はこの両傾向に陥らないように、正しい軌道からはずれないようにするためのものであった。それによって知的傾向にある人は、果てしない思索の迷路に陥ってしまうことから助かり、禅をもって単に意識の内容を空虚にするのだと考える者は、一種の精神的自殺を犯すことから救われることとなった。

禅を学ぶにあたって、この二種の傾向、つまり抽象的概念化と虚無への没落というものに陥らないよう細心に警戒されなければならない。公案は心がこの二つの道のいずれにも陥ることを禁ずる。心を中道におく。禅の真理は合理的抽象的作用にもなければ、単なる寂静主義者の虚寂の中にもない。人間の心というものは、そのままにしておくと、たしかに左右上下いずれかに傾くものである。禅匠たちは実際いずれも皆善知識で観察ゆたかな禅師だから、人間の意識におけるこの生来の欠点を十分承知していたのである。彼らは毘婆舎那《ヴィパシユヤナー》（観）とともに奢摩他《シャマタ》（止）を、奢摩他（止）とともに毘婆舎那（観）を修めることを忠告している。シャマタすなわち止は、心を乱すもろもろの思想の停止であり、ヴィパシュヤナーすなわち観は、変転の世界に知眼を開いていることである、止とは万法が一に帰するところ、すなわち諸仏の法身が一切有情と一体になるところである。この止はともすれば心を無感覚と無差別の状態に導きやすい。これを平均させるためには、心を何かによって刺激させることが必要である。このゆえに禅家では、学ぶ者の注意を特殊の世界の一点に凝集せしめる。これが大事なことである。

かかる理由で、『大乗起信論』の著者馬鳴《めみょう》は止と観とを同時に修行するよう強くすすめている。彼はいう、「諸君は行住坐臥の間に止と観とを相ともに修行すべきである。すなわち、生死の支配をうけたことのない万法の自性について念じているとき、同時に一方では、善悪の因縁、苦楽の応報等、けっして滅亡することなきものについて念ずべきである。かように善悪の業と報について念じつつある一方、理解を越えた不可得の本性についてもまた念ずるのである。止を修すれば、凡夫の世間に対する執着を癒《いや》し、声聞《しょうもん》・縁覚《えんがく》の二乗の怯《きょう》弱な見地を捨てさせるであろう。」

＊仏教では声聞・縁覚と菩薩の三乗に分けている。禅を含める大乗仏教は菩薩のためのものである。他の二乗は逃避主義の代表者で、世間と面接するには臆病にすぎる。この点、この二乗はエゴイストである。

観を実行するときは、二乗の大慈悲心を起こさぬ、狭劣な心の過《あやま》りを対治する。また、無知な者が善根を積まぬ、ということのないようにする。かかる理由で、この止と観の二つの門の修行は双方相助成して、分立しないようにする。諸君が止と観とを共にもたなければ悟りの道にはいることはできないであろう。

この二つの道は禅仏教の全歴史を通じて一貫していて、ある時は調和宜しきを得て両者並行することもあれば、また一が他よりも強調されるということもあった。弘忍《ぐにん》（六〇二―六七五）の時代、止と観とは二派によって代表された。すなわち、一は禅の定《ディヤーナ》または止の面に重きをおく傾向があり、一は慧《プラジュニャー》または観を禅の根本義として主張した。この分立は、中国の禅の師父と仰がれている六祖慧能の時に一つの危機に達した。六祖の対立者であった神秀《じんしゅう》（？―七〇六）に指導された一方の派は、彼の没後あまり栄えなかった。本筆者はここではこの両派の功罪を詳しく論ずることは避けたいと思う。ただ、六祖の派の法系が中国と日本の禅徒に代表される一つであり、真に禅の精神を有していることだけを申し添えておきたい。かく断定する理由はいろいろあるが、その一つは、禅の根本は般若であり、禅定《ディヤーナ》ではない、ということである。

般若とはいろいろに解されているが、その根本的構造は止と観あるいは禅定と智慧の総合的把握にある。それは万法の帰一性を寂然として念ずる一方、同時に徹底した差別知のはたらきがあるわけである。禅という言葉は語源的には禅那から来たもので、学者はとかく禅を、インド人の実行した禅那を実行すること、すなわち、「絶対者」に没入することと考えたがるが、それは涅槃に入ること、すなわち、一切の活動を停止することと同じである。しかし、禅を現実に歴史的に了解すれば、それはかかる自己寂滅の実行とはおよそ縁遠いものである。それはものを「多」

の面からのみならず、「絶対的一」の面から了解することである。「一者」を、事物の多様性の中に具現するものとして把握することであり、事物から孤絶するものとして把握することではない。禅は禅定や止や瞑想に没入するときでも、けっして感覚と知性の世界を見失わない、禅は念《ソート》でもあれば無念でもある。分別すると同時に、分別を超越するものを自己の内にもつ。行為するが、何ら目的なきがごとくに行為する。禅の生き方は神学的に定義しうるものではない。それは太陽の東から上り西に没するごときである。植物の春花開き秋実るがごときである。われわれ人間は、自然の一切の現象を、何か人間の宿命と幸福に関連した、決定的な設計をもつものと考えているが、かかる人間中心の世界観は、思想の混乱を来たさぬまでも、つねに悲劇に終わるものである。禅の世界は無目的であると同時に目的に満ちている。時間と空間と因果関係との用語をもって考えるかぎりは有目的であるが、禅がわれわれをこの世界から、考えるものも、考えられるものも、考えというものすらも存在せぬ世界に連れて行くときには、それはまったく無目的である。人は、あるいはいうだろう、かかる世界は人間の悟性に関するかぎり存在しない、と。が、禅はいう、事実かかる世界が存在し、人は現にその中に生きていてこれを知らないものだ、と。事実の点から見れば、禅は論議によって反駁できるものではない。禅がこれはこうだと断定すれば、もう肯定はそれで終りだ、人のなしうることは、ただそれを受け入れるか受け入れないかだけである。これこそ禅すなわち般若の性質である。

けれども、実践上はどこまでも、般若一本槍ではいかぬもので、やはり禅定をも唱道するのである。これがないと般若は抽象的な無となって消えてしまいやすい。禅定と般若の二つは、禅が健全な安定性や直覚的な明徹性と流動性を保っているときは、分離しがたいものである。禅仏教の二派のうち、曹洞宗は禅の禅定の面を支持し、臨済宗は般若に偏する傾向があるといえよう。

4

公案は比較的容易な方法で禅徒が悟りを得るのを助けるために工夫されたものであるが、その内にまた、禅の般若理想を決定的に実現させうるものが多分にある。という意味は、万物の帰一性そのものがこれに内在して深く埋められているということと、さらに、見る主体は見られる客体と別なものではなく、一指をあげれば全世界がそこに現前するのであり、個々の全体と考えられている自我《エゴ》は、その実、自己を反映する世界にほかならないのである。これをかりに名づければ、悟りの下論理性（metalogical）・超論理性（super-logical）・形而上性といいうるかもしれない。もっとも悟りそのものは心理学的でも形而上学的でもない、そこに、論理下でも超論理でもない、さらに別の心理面ともいうべきものがある。公案が流行するようになるまでは、悟りの心理学的一面はあまり目立たなかったものだ。悟りに入る道は、おもに形而上的または理知的であった。

たとえば五祖法演が禅に入って来たのは、一切の感覚経験を了知する者は何びとかという知的疑問から出発せざるをえなかったのだ。仏眼《ぶつげん》（?—一一二〇）が『法華経』を通読して、彼は論理的な理解力の領域を超えた真理を述べた語句に当惑して、これが彼を禅門に入らしめたのである。仏果（?—一一三五）は青年時代にひどくゆき悩んで病を得たのであるが、その時彼がこれまで蓄積した学識は生死を超越した涅槃への道を、彼に示すことができないことをつくづく思い知って禅の参究に踏みこむようになった。臨済（?—八六七）、令遵《れいじゅん》、桂琛《けいちん》（八六七—九二八）その他は戒律の厳格な遵法者であったが、それが単に道徳的であり、すぐれた人の設定した行規であろうとも、盲従することにけっして甘んじなかった。彼らはいわゆる道徳生活の根本を深く掘り下げんと欲し、これが彼らを禅に赴《おもむ》かせた。これこそ禅に入る倫理的な道というべきであるが、彼らに単にいわゆる幸福でありたいという考えを放棄させたものは、やむにやまれぬ知的衝動なのであった。彼らは数年間坐禅し、熟考し真剣な質疑に専心して、禅の研鑽に努めたにちがいない。しかし、特別な公案と取り組むことがなかったから、その研鑽の課程は、公案によって修行する者ほど、心理的には特色はない。「心理的」という意味は、次のような禅経験をあげれば理解されるであろう。

蒙山《もうざん》異は第十三世紀の南宋末の人であるが、当時すでに公案制による禅の研究が中国の禅修行者に既定のやり方となっていた。蒙山の場合は公案実践の心理的な面を強くあらわしていると見てよい。次は袾宏《しゅこう》の『禅関策進』から引用した自由訳である。

私は二十歳にして「このこと」あるを知った。私は三十二歳になるまで十七、八人の禅匠と会い、禅をいかに工夫するかをたずねたが、何も得られなかった。最後に皖山《かんざん》和尚に参するを得た。和尚は私に「無」の字を見よといわれた。そして師のいうには「朝から晩まで十二時中寸分の油断なく、鼠を捕えんとする猫のごとく、卵を翼に抱く牝鶏のごとく、惺々《せいせい》たれ。お前がまだ透徹を得ぬ間は、鼠が棺材を咬《か》むがごとく、脇道にそれるな。かくのごとく続ければ、公案を発明する時期は確実にお前のものになるだろう。」

そこで私は日夜公案に精を出して体究した。十八日目になって私は茶をすすりながら、忽然として、「世尊拈華《ねんげ》、迦葉微笑《かしょうみしょう》」を会得した。実に歓喜にたえず、三、四の和尚に会見をもとめ、私の見解を決せんとしたが、彼らは一語も与えなかった。ただ一人の和尚が私に、ただ海印三昧によって坐りぬき、その他のことを思いわずらうな、と教えた。私はこれを信じて、また二年過ごした。

景定五年（一二六四）の六月、私は四川省の重慶府にいて、ひどく下痢を患い、二十四時間に百回以上もかがまなければならなかった。私はすっかり疲れ、この死に瀕する危機に海印三昧は何ら用をなさなかった。口はあっても説くこともできず、からだはあっても一時も身動きもならず、ただ死を待ちつつ横たわっているのみだった。業縁に定められた過去の生活のいろいろな場面《シーン》が、私の前に同時に出現した。私は恐怖にうたれ、いうべからざる苦痛をうけた。

ついに私はこれら一切に打ち克《か》とうと決心し、死後の処置を周囲の人々に頼んだ。布団を厚く重ね、一炉の香を焚き、ゆるりと床から起きて席についた。それから心静かに三宝と神神に黙禱して、従前の諸々の不善業を悔い改めたのである。私の祈りは、こうだった、「死が避けがたきものならば、般若の力の加護で、貞淑な女人の胎内に生じて、早々に出家せん。されど、もし病の回復したときは、俗世の生活を捨てて出家せん。短時日に悟りを得て、ひろく、大法をもって後進の人々を済度せん。」

祈りは終わった。私は自己の内に深く反省しつつ「無」に至らんと努めた。良《やや》しばらくして、私は内臓の三四回反転するのを覚えたが、一切の余事は意に介しなかった。ある時間が過ぎた。私の眼皮は動かない。さらに時が過ぎ、私は自己の肉体の存在を意識しなくなった。公案のみが意識の全面を占めた。夕方になって、ずっと気分がよくなってから起《た》った。再び坐って、夜半までそのままの姿勢をつづけた、翌早朝にまで及んだとき、病はすっかり癒《い》え、心身軽快になったことを知った。

八月に私は江陵に行って、頭《かしら》を剃《そ》った。一年たって行脚の途についた。途中で米を炊《かし》いでいるとき、公案工夫はまったくの一気呵成《いっきかせい》、つまりほんとうの打成一片《たじょういっぺん》でなければならぬと悟った。黄龍の僧堂に加わった。最初、睡魔に襲われたとき、大した努力もなくそれを退けた。二度目に襲われたときも、さしたる困難もなく、どうやらそれを撃退した。三度目にひどく眠気が襲ったので席を離れ、地上に下りて、二、三度礼拝をして、それから坐席に戻り、坐禅をつづけた。正規の睡眠時間が報ぜられたとき、短時間熟睡をとった。はじめ枕を用いたが、後には臂《うで》を枕に代えた。しかし、さらに後には横になって眠ることを廃した。二晩、三晩過ぎると、昼夜疲労困憊《こんぱい》して、脚の地を踏むのをまったく覚えなかった。すると突然黒雲が眼の前に飛散するかのごとき感じがして、全身が浴後のように爽快で活気を覚えたが、疑団はますます強くなりつつあった。というのは、とくにそう努めたのではないのに、疑団のほうで進んで私の意識から離れようとしないのだった。一切の煩悩は私の心に入り来たらなかった。私の諸感覚は雪を満たせる銀盆のごとく清浄に、秋空のごとく厳粛になった。しかし、工夫のほうは幸い大分進んだが、まだちっとも決定的な転換をしているとは思えないと反省した。そこで、この地を去って、浙州に行くことに決心した。その途中、随分辛苦を嘗めたが、工夫はやめなかった。最後に承天孤蟾《こせん》和尚のもとに身を落ち着けた。時に、私は悟りを得るまでは寺を去らぬと誓った。一ヵ月あまりの修行をすると、工夫は再び前と同じ集中状態になり、体内の痛みに悩んだが、私はそれに少しも注意を払わなかった。何が起ころうと介意せずに命を捨ててひたすら公案工夫に努めて、おかげで自然に力を得てきた。そしてまた病中の工夫もなすことができた。そしてある家から昼食によばれたとき、歩きながらも心を占めている公案からけっして目を放さなかった。招いてくれた家も目に入らず、そばを通り過ぎてしまった。ここでまた動中（からだの運動している間）の工夫をなすことができた。

ここまで来ると、自分の心は水面にその影を投げる月のごとくであった。いかに波が荒れようと、いかに流れが早く走ろうと、月影は擾《みだ》されず、消えず、依然としてそこに生き生きとしていた。

三月六日、「無」を挙揚《こよう》しながら坐禅をしていると、首座《しゅそ》が堂に入って来て、仏壇の前で香を焼《た》こうとして、偶然香箱を床の上に落してがらっと音を立てた。ここで忽然として私は「自己《セルフ》」を識得した。かの趙州和尚（の意）をしっかりとらえた。私は即座に頌《じゅ》を作《な》した。

没興路頭窮　もはや進むことも退くこともできぬ。
踏翻波是水　身を翻して踏めば波は是れ水、
超群老趙州　比類を絶すこの老趙州、
面目只如此　趙州の面目ただこれこれ。

秋の間、臨安に行って、雪巌・退耕・石坑・虚舟《きよしゆう》などの名僧と会った。虚舟は私に皖山《かんざん》に会うことをすすめた。皖山に会うと、彼は問うた、「光明寂照徧河沙という語がある。これは張拙秀才の言葉ではないか。」私が口を開こうとするや否や、彼は大喝一声私を追い出した。それからというもの、私は飲食の欲を失い、目的ある仕事をやる意欲を失い（というのは、皖山の仕打で疑惑が私の全意識を占めたから）、かくして六ヵ月を過ごした。

翌春、ちょっとした旅からの帰りがけ、たまたま石段を上ろうとしたとき、ふいに私の内《う》部《ち》なる障礙《しょうげ》が氷のごとく融け去って、私の肉体が地を踏むことをまったく意識しなかった。そこで皖山に会うと、彼はまたもや前と同じ質問をしたので、私はやにわに彼の禅床を蹴倒したのだ。すると彼はこれまで錯綜して解きがたかったいくつかの公案を示したが、私はその一つ一つを透過して、それについて一点疑惑の影をのこさなかった。

皆さん、私は今こういうことができる、「参禅はまったく心を籠めて精を出さねばならぬ。もし私が重慶で大病をしなかったとしたならば、益《やく》もない生活を過ごしたであろう。大切な点は正知見の師をもとめることである。古人はこの正師の下で朝に参じ夕に坐拝し、昼夜をわかたず孜孜《しし》としてこの事を究明してきたものだ。」

次の例は白隠の弟子たちの事例を収めた『荊棘叢談』という一書から取ったものである。遂翁《すいおう》は白隠の高足の一人であった。彼の後輩に琉球から来た一人の僧があったが、例の「隻手」の公案が与えられた。その僧はそれに三年を費して少しも進むことができなかった。時間の限りがあるので、彼はどうしても結末をつけたいと考え、遂翁のところへ来ていった、「私は遠海の琉球の一島から来ましたが、私のここにいる目的は『大法』を見透すことです。あいにく、私の過去の業《ごう》が今なお深いとみえ、目的を達していません。私は相変わらぬ面目をもって故郷の島へ帰るとは、いかにも遺憾至極です。」遂翁は彼を慰めていった、「落胆するな、もう一週間出発を延ばして公案をかたづけられるかどうかやってみろ。」

僧は退いて七日間を坐禅に過ごしたが、何事も起こらなかったので、遂翁のところへ戻って報告した。和尚はいった、「もう一週間やって、問題をはっきりさせられるかどうか見てみろ。」僧はその忠告に忠実にしたがったが、前と同じく結果は得られなかった。遂翁は癇癪《かんしゃく》持ちで有名な人にもかかわらず我慢づよく、僧にいった、「三週間以内で悟りに達することのできた禅徒が多い。第三週の間、お前の幸運をためしてみろ。」第三週が終ったとき、彼は遂翁の前に涙に濡れながら現われていった、「私はまだ何も得られません、どうしたらいいでしょう。」遂翁は「行ってこんどは五日間公案に没頭してみろ。」五日の後、彼は相変わらず同じ報告をしなければならなかった。遂翁はなお彼に忠告して、「こんなふうに続けたってお前はけっして悟りは得られぬぞ。もっているだけの全力をつくして問題を推し進めなければだめだ。それでも解決が得られなければ、もはやそれ以上生きていても何の役にも立たぬぞ。」この言葉が彼を発奮させた。彼は命懸けで公案を攻め落そうと決心した。三日目の終りに、ついに首尾よく彼の進路を妨げていた難問をことごとく征服した。こんどはまったく違った気持で遂翁のところへやって来た。和尚はよろこんでこれを証明した。この事例は次の古諺《げん》の適切な解説になるのである。

激励なければ悟りは（得られ）ない。
追い詰められなければ通り抜け（られ）ない。

白隠と仏光国師の記録は私の禅論文集第一巻に収められている。この両者ともに「無」の公案と取り組んで、苦辛の年を経て悟りに至ったものである。

これらの記事から読者は「悟りの心理的な側面」という意味がおわかりのことと思う。この心理的な面は、公案制創始以前の禅徒の間には、ほとんど注意されなかったものである。人生の大問題解決にいかに努力しても、その努力は悟りの知的側面だけであった。彼らは後代のいわゆる公案というごとき特殊の主題をもって、これに全精神力を集中するというようなことをかつてしなかった。これは師匠との間の「問答」から知られる。問答は各様各別である。「祖師達摩西来の意如何」、「仏法的々の大意如何」、「如何なるか是れ仏」、「余は仏性ありや」、「悟りとは何ぞ」、

「本来の人とは誰ぞ」、「いかにして人は生死より脱すべきか」等、かかるいくつかの質問を禅匠にたずね、禅匠の答えはまったく予想に反したもので、僧たちを面くらわせる。しかし、この予想もしないことというのが質疑をいだく者に新しい方角《オリエンテーション》を与えるのである。事実それによって今までもとめていた真理に対して、問者の眼を開かせる場合も起こるのである。一人の僧がたずねる。「私に一つの疑いがあるが、和尚はそれを解いてくださるでしょうか。」和尚はそれがどんな疑惑かを知る前に、質疑者を会衆の面前につれてこさせ、衆に向かってこういう、「皆の衆、ここに疑う奴がいる。」和尚は疑惑がどんなものであろうと、それを自分の工夫で解くようにさせるのである。

公案時代に入るとともにこの様子が一変した。公案を工夫する者たちにとっては、疑問の種類、疑問の数の如何《いかん》を問わず、それらをことごとく一つの疑問となして、この一つの疑問を公案に集中させる。そして、これが解ければいかなる種類の疑問も解けて、知的不安の状態は終止するのである。大慧はいう、

「人生の帰趨に関するお前たちの疑問が解決を見ないかぎり、『生死』の念は心中に交錯して、いたずらにもつれるであろう。この生死交差の一点に公案を定めてその意如何と工夫せよ。僧、趙州に問う、『狗子にまた仏性ありやまた無しや』。州いわく、『無』と。もつれあった

疑問の糸をことごとく集めてそれを直接この公案に移してみよ、そうすればお前たちは、爾余の擾乱と疑心の不安状態はことごとく落ちつきはじめることを知るであろう。が、それだけでは不十分である。この半分落ちつきかかった心に公案を差し向け、それをぎりぎりの際まで推し進めよ。機が熟すればその限界はひとりでにほどけて、以前に煩悩と考えていたことの一切は、単に誤れる分別にもとづくのだとわかるであろう。」(妙明居士に与えた大慧の書翰の摘要『大慧語録』巻二十三)

公案が道に迷った者にとって一種の暗中の指針であることはこれでわかる。心を苦しめるあらゆる疑惑・不安・逡巡が、理知的・感情的いずれの事由から発するにせよ、かかる場合、公案は心をその擾乱から引き揚げ、そのときの最も緊要事である解決に心を差し向けるのである。このために、禅修行者は、彼の難局の一切を解決する公案の効力を強く確信することが必要である。また、師のいうところによれば、「心《しん》」そのもの、すなわち、根本の実在たる「仏性」、万物の絶対的根元に源を発する禅の伝燈を確信することが大切である。この強い願心を欠く者は到底公案をわがものにすることはおぼつかない。この願心とは仏教者すべての心中に宿されているものであり、それなくしては仏教者は自殺に等しいと考えられているほどのものである。公案に信のおけぬ種類の人たちは、最後の解決に到達するため、自然な、自分ひとりきりの、骨の折れる旧来の方法に戻ることになるであろう。

5

大慧によれば、もし人が仏と同じ境地に到達せんと欲するならば、何はさておき、強い決定心が肝要である。すなわちこの決定心から悟りが開け、完全な解脱を成就し、絶対の安心を実現することができるからである。さらにいわく、なんじらがこの人生において精神的開眼を経験せんと決心しなければ、けっして確乎たる信念に目ざめることはできない、と。しかし、卑見によれば、まず第一に信心があって、それから信心のはたらきを通して確乎たる決心が目ざめるのであり、ただ、前者（信心）は一般に「無意識」の奥底に隠れているがために、心にそれのあることが全然認められないのである。諸君は、決定心によって、信心そのものの現われである悟りに到達すると、考えがちであるが、信心というものが「無意識」の中に既存しなかったとすれば、それはけっして表面に上って来て認知を要求しはしないであろう。そればかりではない、決定心そのものも成らないし、したがって、それを成就することもないであろう。信心は、ゆえに、隠された宝を意識面に持って来るために心理的に必要とされる決定心よりも根本的なものである。

禅の参究を行なうには強固な決定心が肝要だという禅匠のこの主張は、公案制度が悟りを得るための既定の方法となるにつれて、しだいに確乎とした力を得てきた。禅の道の修行は火を起こすに似るといわれる。煙の立ちのぼるや、それの絶えないようにあらゆる努力をつくし、金色の火炎の現われるまでこの労力を停止してはならない。これが帰家すなわち目的地に到着することである。潙山《いさん》がかつて嬾安にたずねた、

「近ごろ貴公はどうしておるのかい。」
「私は牛飼をやってます。」
「どんなふうに面倒をみているのだ。」
「牛が草の中に入ると、鼻輪をつかんで曳き出す。」

と、嬾安がいった。

「貴公の牛飼もなかなかうまいもんだ。」

こういうふうに、禅学徒は心を正しい軌道からはずさないように絶えず用心を怠らない。禅徒はすべからく「鉄漢」たるべきである。ひとたび決心した以上、善悪・正邪を顧慮せず前進すべきである。最後の悟り（菩提）を手中に入れるまでは驀直《まくじき》に進まなければならない。

信心は根本的なものであるが、われわれの意識の底に冬眠していて、強い決心の人によって、

これが目をさます。この決心がつくのは、信仰がどうやら彼に現われだすときにかぎる。最初から彼の内的存在に信仰が存しなければ、いかなる形の決心にもせよ、決心をつくる心は何ら存在しないであろう。

しかし、この信心《フエイス》は、通常われわれが信仰と称するところのものではない。なぜかというに、それは向かうべき対象もなければ、そこから出てそれ自体とは別なものに向かうといった主体もない。ゆえに、禅匠の語るこの根本的な信心は主体も客体もないものである。そこには主も客もないから、それは特殊な心理的な出来事でもなければ、特定の概念でもないし、また、そうした説明でいわれるところの単なる無でもない。

大慧はその居士弟子の一人無相居士にあてた手紙の中でいっている。

「達人の至道を領解するのは虚空に刻印するごとく、中位の人の領解は水に刻印するごとく、下位の人の領解は泥土に刻印するごとくである。刻印そのものは、空《くう》であろうと水であろうと泥であろうと、何ら相違はない。相違は人格の相違から起こる。そなたが即今ただ今至道に入らんと欲せば、その刻印を他の一切のものとともに粉砕して、わがもとに来たれ、かくしてそなたは余に見《まみ》えるであろう。」

この信心の刻印を、われわれは通常客観性の泥土に捺《お》して、その具体的に決定した痕《あと》を見ようとする。しかし、禅の唱道する信心は、虚空に刻印すると同じことである。禅はこの刻印そのものすら粉微塵に打ち砕くことが必要である。これが可視的世界を越えた信心である。しかし、それが否定だけの刻印ではないということは、こんどは妙証居士にあてた大慧の手紙の次の一節から推測される。その文面は、相対的に見ればはなはだ無稽だが、そこには「絶対無といったものの片鱗だに見ることのできない」まったく具体的な事がらが出てくるのである。

大慧は、別の箇所でまた「鏡」の粉砕のことにいい及んでいる。

「仏陀は凡夫（悟らぬ者）の鏡である。そして凡夫すら仏陀の鏡である。凡夫が迷えるとき、『生死』の諸像《イメージ》とその煩悩はそのまますっかり仏陀の鏡に映る。凡夫が忽然として悟りの状態に目ざめたとき、『生死』を超越した、清浄にして神秘な輝きを放つ仏陀の姿は、凡夫の鏡にも映るのである。

しかし、仏陀は最初から、生も死も、無明も開悟《さとり》も知らない、彼には一つの鏡もなければ、鏡に映る姿もない。ただ凡夫が種々な開悟と係わりあうがゆえに、それに応じて仏陀が種々な方便を工夫したのである。

さて、もしもお前が凡夫の疾病を癒やし仏陀や祖師と異ならぬものたらんと欲するならば、件《くだん》の鏡を粉砕して余がもとに来ることを求める。しかるとき余はお前のために『このこと』に関し若干の注釈を与えるであろう。」

これに関しては、雪峰と徳山との相見を見るがよい。雪峰は「このこと」をもとめて三度投子のところへ出かけ、九度洞山のところへ行ったが、それを得ることができなかった。後になって徳山の道法盛んなるを聞いて、彼のもとを訪れた。ある日、祖師西来以来の禅の真義について徳山にたずねた。徳山答えていう、

「わが宗は多言を要せぬ。また、他人に伝えられるような特別なものは何もない。」と。

後に雪峰は再びたずねた、

「歴代の祖師に代々伝えられた事について、私も何とかしてそれを得たいのです。」

徳山は躊躇せず拄《しゅ》杖を取り、雪峰に痛打を与えた。

ここで初めて雪峰の眼は開かれたのである。

一人の僧が趙州にたずねた、

「柏樹子に仏性ありや。」

「有り。」

「何時《いっ》成仏を得るのか。」

「虚空が地に落ちるを待て。」と、趙州が答えた。

「何時虚空は地に落ちるのか。」

「柏樹が成仏するまで待て。」


これが趙州の答えであった。

これを大慧は注釈して、

「柏樹が成仏を得ないとか、また虚空が地に落ちるとかに著《じゃく》してはならぬ。ではどうなのだ。虚空が地に落ちるときは柏樹は成仏を得、柏樹が成仏を得るとき虚空は地に落ちること間違いなし。ここをよく考えてみよ。」と。

ここで注意すべきことは、禅の教えではいかなる場合にもそうだが、禅は日常生活に即した最も具体的な表現を用いるということである。しかし、その用い方はまるで逆倒国《トプシターヴィドム》の住人のごとく、現実の世界の常識的経験と矛盾するのである。けれども、この禅の手段は、外見上まったく否定的に見えても、禅は具象的特殊性の世界を示さんと努めるものであり、常識の世界に正反対でいて、その実これを否定するものではないということを、はなはだ効果的にやってのけるものである。禅の世界はまったく新奇な見地から古い世界を改造したものである。この点、禅はまったくコペルニクス的である。

私は、禅の信心は通俗的意味の信仰ではなくて、主も客もないもの、無信仰の信仰だ、といったが、その意味は、この感覚的・知性的の世界の上に、いわば重ねられた真の世界があるということ、このことを理解すれば、感覚・知性の常識的世界はそのままで真の世界であり、それが新しい世界を創造することだといえる、ということなのである。禅の信心はつねに創造的なもので、それによってこそ吾人は刻刻に新しい生活を営むのである。禅の世界には古いものは一つもない。結局、禅は空虚な概念や抽象や普遍によって支配されるものではない、ということなのである。

帰宗拭眼がある時一人の僧からたずねられた、

「仏陀とは何ですか。」

「わしがお前に教えてもお前は信じまい。」

「どうしてあなたのいう真理の言葉を信じないことなどありましょうか。」

「お前が仏陀だ。」と帰宗がいった。

これを聞くと、僧はしばらく心中で反省していたが、終《つい》にいった、

「私が仏陀そのものなら、いかにして（自己を）処置すべきですか。」

「目に塵が一つ入ると空中にありもしない幻の花が見える。」

帰宗から発したこの警めは、忽然として僧の心の目を開かしめたのである。

大慧はこの因縁についていわく、

「この僧は初め心中に確たる信念をもたなかった。帰宗が真理を直指するのを聞いても、まだ彼が仏陀そのものだということを疑って、自己を処置する法について聞きたいなどといった。これが確かめられれば、彼と仏陀とが同一だという信念を得られると彼は思ったのだ。帰宗はまことに深切だった。彼の金剛王の宝剣をもって、僧の動揺して自家撞着せんとしていた点をぶち切った。この僧は千仞《じん》の断崖の頂上に隻脚で立っていたが、帰宗の一撃で一掃され、動揺していた均衡を失し、断崖から身を投ずる法を理解したのであった。」

論理的見地からすれば、公案というものは、人間の本性と運命およびその他の宗教的・哲学的問題に関する疑問の一切を、公案の出す一つの疑問に集中することによって解決するに役立つものである。公案そのものに何ら奇跡をはたらかす魔力はない。それはいわゆる門を叩く瓦片、月をさす指にすぎない。肝心のところは公案をもって悟りに至ることである。ゆえに両者は密接な関係がある。経験としての悟りは心理的であり、したがって公案にも心理的な一面がある。公案の方式はまったく非論理で、同時にまったく論理的である。その解決に関するかぎり、それは純粋に論理の面に存する。もっともこの論理は多くの人が理解するそれではないが。「扇は扇でない。ゆえに扇である。」と解するとき、この理解は知的というよりもむしろ超知的であり、われわれの心理とは没交渉である。しかし、あらゆる理解は純粋・抽象のいかんを問わず経験に裏づけられるものである。その範囲で心理的である。悟りは独自の心理と論理をもっている。けれども一つの経験の心理と論理とが結合して悟りを構成すると思ってはならない。悟りには生命の精神面から来る何かがなければならない。そしてこれ——精神的、超自然的、または超合理的とも称すべきもの——が禅である。

悟りの心理が意識の情意面と結びつくのは、大慧のいわゆる「決定心」をもって公案にぶつからなければならないときである。公案を解くには努力を継続しなければならない。この努力は強い意志的なものである。公案に刺激された知的好奇心を継続するものは、一箇の決意である。これは人間が何事を成就する場合にも必要であるが、とくに公案を解くにあたっては事実である。禅匠は諸君の精力をすりへらし、いかに進歩するかを吟味するのが役目である。彼は絶えず諸君を追う。禅匠との対決の間に、諸君が何か言葉をもっていえるかぎり、それは大して難儀なものではない。しかしやがて、いうべき何ものもなく、しかも師と対決を迫られる時が来る。どうかすると頻繁に来る。諸君は自分をどう扱っていいかわからなくなる。もしも諸君が他の真理の探究者たちと禅堂に坐っているならば、年長の監督は、諸君が参禅に行くべき時になって行かなければ、よく注意していて、無理にも師の室に行くように諸君を引っぱり出すことは、珍しいことではない。

この「引っぱり出し」は、この場合まったく筋違いのことと見られるかもしれない。というのは、公案解決は他人事《ひとごと》ではなくて君自身にかかわることであり、君は自分のために自分の力でやろうと自発的に決心したからである。けれども、事実は、こうした無理に見える人為によって、修禅者は悟りの体験に達することができるのである。かくしていわゆる「決定心」が有効に養われ、比較的意志の弱い者にどこまでも最初の意向を捨てないようさせるのである。われわれの心は、何かこういった人為的な改造や刺激によって、悟りの状態を準備するようにしくまれている。

「引っぱり出し」の有無にかかわらず、肝心のところは、心を一つの集中状態にもってゆくことである。つまり、追求すべき二進路だけを残した最高度の緊張状態に心を導くことである。その一つは挫折して心から外に行ってしまうか、また、いま一つはその限界を越して、悟りというまったく新しい展望《ヴィスタ》を切り開くかである。公案練磨の始めにあたって、心に不動の目的を明確にし、これを意識的に思い浮かべていなければ心理的な緊張は不幸な破綻に終わるかもしれない——もし幸いにして悟りの点に達するような場合でも、しばしばそれは強い自尊心を帯びるようになってしまうものである。このように正しい軌道からはずれるのは、修禅者のどっちつかずの素質からくるのである。普通は、事は当然進むべきように進み、公案は初志にたがわず結果をもたらす、というよりも、公案は自然に理の当然の結果に到達する。それはどこまでも満足すべき悟りに至るのである。もっとも、ここでいう「自然な、理の当然」とは「超自然的・超論理的」と同意義と解すべきである。

決勝点《ゴール》に着くまではやまぬという「決定心」や決意の心理的重要さは、このように明らかである。これは一つの論理が疑問の線をその最終目的に向かって追求する重要さに相当する。論理は、人間の精神の不安に満足を与える手段としては元来無能力であるがために、達すべき目的に到達することができなくなるが、この時こそ、われわれは一つの断崖絶壁の一端に立たされることとなり、そこでは今まで一歩一歩論理的に進んで来て、ついに底知れぬ深淵を前にして限界に達してしまったのであるから、逆戻りするわけにゆかないのである。この時決定心は何が起ころうとこの断崖絶壁を飛び越えることを主張し要求してやまない。ここで論理的手段としての心は、精神《スピリット》と一体になった心に道をゆずるのである。これは火と水の流の彼岸に立つ弥陀の招くままに「白道」を歩むことである。渾沌の黒雲の裂け口から身を現ずる神の慈愛にいだかれることである。この出来事は各種の異なった宗教によって、それぞれ開悟・救い・解脱・復活・浄土に生まれるなどと、いろいろに称されている。悟りは禅の用語である。禅の万事はそこから発し、それを「忘れること」に終わる。終始悟りとして残るような悟りは、悟りではない。それは悟りの臭気が強過ぎる悟りといわれる。悟りは、悟りそのものとなるには、悟りそのものをも失わなければならない。かかるものが悟りである。

悟りそのものは心理や論理とは無関係であるが、公案制が発達するに及んで、当然その心理的な面から扱われるようになった。公案制における悟りは、「無意識者」の心底から何か自然に生ずるものとしての純粋な特異性が多少とも失われ、その人の意識面に、人工的・人間的・心理的に、強要するものと見られるに至った。こうなると心理性の重要さが痛感され、禅匠たちは不動・確固たる至誠心なくしては、公案の鉄壁は禅徒の攻撃に屈伏せぬと主張するのである。

これと関連して、大慧の語を再び引用したい。禅の習得に公案制がしだいに重要となったのは宋代の圜悟《えんご》と大慧両人以後のことであり、ことに大慧自身は、宏智《わんし》（一〇九一―一一五七）のいわゆる黙照禅に反対した公案の創始者といわれる人なのである。大慧は、宏智一派の主張する黙照禅がややもすると心の内容一切を空虚にする練磨となりやすく、その結果、禅を殺し、石のようにつめたい死物に化することを、強く非難した。宏智一派は、公案による禅は人工に過ぎて、禅徒の心に目的のための手段として、混乱した観念を創りださせると、反駁した。それはともかくとして、大慧は修禅における強い意志の肝要さを主張した。次は彼が俗人弟子の一人の妙明《みようみよう》居士に宛てた長文の手紙の中で、この問題に関して述べたものの摘要である。

「もしお前が心の何たるかをすでに会得し、進んでこの『一事』を自覚せんと欲するならば、お前は何よりもまず強い決意を立てなければならない。お前の環境およびお前に関係するものが望ましいにせよ望ましくないにせよ、お前はつねに自己を見いだし、自己を確保することを誤たず、自己の主人となって、いろいろに流布せられている虚偽の見解に運び去られぬように、自己を監視しなければならない。

日々外界と接触するに際しては、絶えず生・死の二字を鼻頭にはりつけ、万象は無常にして不断の変化を被ることを忘れぬようにせよ。

それはまた万金の借財で首がまわらぬ人にも似ている。彼は貸主が戸口に立って契約の金の皆済をせまっているのに、その義務を完了することができない。彼はそれを思いわずらい、次に来たるべきことをおそれ、負債を返す道を見つけようとして根つきて、何ら結論に達することができない。彼は抜き差しならぬ袋小路に陥っている。

もしお前が公案工夫にあたって、終始このような心情を保ちうるならば、とにもかくにも最後の落着の道に来るであろう。けれども、もしお前が信じていいものやらわるいものやら、進むべきか退くべきか、遅疑してとどまっているならば、お前はけっして何事をも成就しないであろう。お前は片田舎の一文不知の馬鹿にも劣る。なぜか。馬鹿はその暗愚のために(反って)、自覚の妨げとなる謬見や誤念からまったく自由である。彼は賢明にも、単純な心をもって、その無知なやり方を固執できるのである。

古の聖賢はいう、究竟の真理を追求するにあたって悟りは規範である。近来、悟りを信ぜぬ禅匠が大勢いるが、彼らは悟りを、欺き迷わすもの、人為的な作り事、不必要に設けられた障害、まったく第二次的な事柄であると考えている。

事実、多数の人は獅子の皮を着て狐の叫びを発するのである。未だ択法眼を開かぬ人々は、しばしば彼らに欺かれる。この理由で、そなたは脇道にそれぬようにつねに気をつけて、何事にも徹底的な吟味をしなければならない。」

天目山の高峰原妙（？―一二九五）の次の言葉は、大慧と多少同じ調子を帯びている。

「この事（修禅）について最も肝要なことは、確乎たる決定《けつじよう》をいだくことである。お前たちがこの心をいだくときは、間もなく、純然たる疑念を生ずる。お前たちが心をしっかり把持しつつこの疑念をつづければ、それはお前たちの全意識を占めるに至る。それに特別な注意を払わずとも、それは始終そこに存在する。朝から晩まで間断なく、頭に尾を追わせ、尾に頭を追わせれば、ついに全体は一つの固い未分化の場と化する。振えども移ることなく、追えども去ることはないであろう。何という寂光！　それは不断に心中に存在する。この時に至ってお前たちは公案の工夫に確かな進歩を見たといいうる。

なお正念を固く相続して、けっして退くな。けっして分別心をいだくな、かくして進めば、坐っているのか歩いているのか意識せず、寒暑や飢渇に気づかぬ所に到達するであろう。かかる心状を実現したとき、お前たちは『家郷』よりの消息に接したといいうる。しかし、なおその状態の確保をすてぬように気をつけねばならぬ。まさに確乎たる把握をつづけて、悟りのおのずから現われる時機の至るを待つがよい。

けれどもここに注意すべき大切なことがある。すなわち、お前たちは確乎たる純一無雑の心をもって公案の追求を持続し、けっして後に何が起ころうと顧慮するな、期待をいだくな、自己暗示をもつな。ただに専心これ公案三昧をつづけよ。この時はあらゆる種類の悪霊どもがお前たちの心中を荒らし、今までに得た一切を破壊する絶好の機会だから、お前たちは正しい進路《コース》からそれぬように用心しなければならない。もし用心を怠れば、般若の正因は永久に失われ、開悟《さとり》の種子はけっして発芽することをえないであろう。心を正しい進路からさまよい出さぬように気をつけよ。目的を唯一心に屍《しかばね》を凝視する精神のごとくであれば、お前たちがこれまで養ってきた『疑念の塊《かたまり》』*は忽然として粉微塵になり、同時に天地を粉砕するを見るであろう。」

＊英語で「疑念の塊《ランプ・オブ・ダウト》」とは異様に聞こえるかもしれないが、元来の中国語では「疑団」または「疑団子」であり、公案をある段階まで追求した者の心の活動状態を指していう。それは知的用語ではなくて、心理的袋小路の状態である。「疑」といえば知的に聞こえるが、この場合禅者の頭にあるものは、一種の心的封鎖である。思惟の流れが封鎖され、

進行せず、凍結して一つの塊を形成する。ある意味では、集中状態である。意識の全面がこの「塊」で占められる。通常スムーズに流れる諸思念の自然な流れをせき止めるから疑団である。この封鎖が破れ通ずるとき、悟りが得られる。すなわち、意識が再びその正常な活動を開始する瞬間、意識は突然この出来事に気がつき、この出来事はその心理性を越えた意味をもつ。塊は去り、疑いは破裂して、これまで想像もつかなかった新しい視野が開かれる。

6

公案を追求している際、決定心だけでは目的は達せられない。ある危機に来た場合、心がしばしば陥りやすい溝《グループ》から心を転ずるために、他の人の何らかの衝撃《ショツク》がいる。必要な衝撃とは、憤怒・義憤・屈辱等のはげしい感情的な興奮の形で来る。かかる激情がある程度まで刺激されると、異常な力を得て、平素それに対して設けている意識の限界を破ってしまう。換言すれば、強度の感情的動乱が、平素まったく気づかないでいる不可思議な力を、われらの心中に目覚ますのである。孔子は、弟子の一人が徳において進みえぬことを許えたに対して、「己《おのれ》を制せよ、汝為す能はざるにあらず、汝これを為さざるなり。」といっている。この自己に課した制限の砦《とりで》を破ることが大切である。それには何か異常な手段でその人を奮激させる必要がある。禅匠は明らかに人間心理のこの一面を知っていて、至当な場合をとらえてそれに訴える。弟子を蹴ったり、殴ったり、そうした不親切とわかっている行為は、必ずしも彼の憤りの情を示すつもりではない、かえって弟子のほうでいだくこの感情（憤り）を禅匠はしばしば利用するのである。

日本の明治初年の伊達自得《だてじとく》は紀州藩主の重臣の一人であったが、ある時、藩主の不興をこうむり、蟄居《ちつきょ》を命ぜられた。彼は強いられた閒暇を幸いとして、三蔵の研究に着手し没頭した。数年後に赦免されたとき、彼は禅をやろうと決心して、当時、弟子の扱い方がきびしいので有名な、京都のある禅匠に紹介された。自得は公案を授けられた。彼が師のところへ行って自分の意見を陳《の》べると、師は一語もいわずに彼の頭を痛打した。これはもちろん自尊心の強い老武士を怒らせた。彼は自分を和尚に紹介した友人の僧にいった、

「自分はいやしくも武士階級の者だ。これまで主君からも親からもこんな不名誉な扱いをうけた覚えはない。この無礼は我慢ならぬ。あの不遜なえせ坊主と事の始末をつけずばなるまい。自分は彼奴《きやつ》の首を切り、切腹する。この恥を忍ぶのは自分の面目にかけてもできぬぞ。」

友人の僧は泰然としていった、

「和尚の首を切ったって、どちらの役にも立つまい。和尚は初めから『我』という考えはな

い。一切を禅のためにやっているのだ。殴ったことにはきっと何か事由《わけ》があるのだと考えるほうがよい。」

自得は自分の部屋に閉じこもって、心を凝《こ》らして公案を瞑想した。数日の後、それの意味がことごとく、夜の明けるがごとく、判然とした。彼は和尚の部屋に駆けこんで、彼の一打がどれほどひどくても、悟りはそれよりもさらに深く、なんと透徹したものであろうと告白した。

今北洪川《いまぎたこうせん》は近世日本の偉大な禅匠の一人であった。彼は若い時は儒者であったが、それに満足せず、禅に赴き、二十五歳のとき禅僧となった。彼の師匠（大拙和尚）は偉大な鍛錬主義者《ディシプリネリアン》で洪川をきわめて厳格に扱った。ある日、洪川は客に豆腐汁を馳走するように命じられたが、彼は上手な料理人として育てられなかったので、豆腐がうまく切れなかった。これを憤った和尚（の態度）は、ほとんどどうも合点ゆきかねるほどの激しさであった。和尚は、洪川を、その過失のために、寺から追い出すといってきかなかった。その所罰はその罪過とまったく釣合いがとれなかった。第三者たるわれわれには、まったく些細な事に思われるのである。洪川は卑下をきわめてその過失をあやまったが、和尚は譲らなかった。この新米の僧は、どうしていいかわからず、すっかり意気沮喪した。これを見て、彼の世話をよくしてくれる一人の兄弟子が、彼のためにとりなしてくれ、うまく師匠をなだめた。

洪川は、かつて師から禅典の講義を聴いているうち、悟りを得たと思った。彼を感動させた一節はこうだった。

竹影掃レ階　塵不レ動、
月穿二潭底一　水無レ痕。

竹の葉形は階《きざはし》を掃えど
　一塵の舞うこともなく、
月影は水底《みなそこ》に透《とお》れど
　その痕《あと》は波に残らず。

これは、洪川が後に管長となった鎌倉円覚寺の、創始者仏光国師の深い関心をも喚起した有名な七言絶句である。

しかし、その師である大拙和尚は、洪川の陳《の》べた見解には一顧をも払わなかった。この無情な斥除《しりぞけ》は、洪川を駆って、ますます公案に、心力と直覚的潜勢力のすべてを集中させた。彼は今や絶望状態に陥った。すでに到達した位置から進む道も、退く手段もないことがわかった。師に自分の見解を呈するごとに、和尚は無条件にそれを斥けたばかりか、きびしい怒りの殴打を与えた。洪川は失望落胆して、彼の精神の目ざめを無情にはばむ過去の業《カルマ》の重荷に泣いた。けれども師はけっしてその辛辣《しんらつ》さを緩めようとはせず、ほとんど復讐の念に満ちた憎悪にひとしかった。洪川は自分の不幸な状況をいたく悲しんだが、けっして動揺しなかった。かえって当時たまたま病気になった師をますます恭敬して、一種の看護人として全力を尽くし師を慰め救った。

洪川はやせ衰え、食欲を失い、青ざめて血の気がなくなった。朋輩は彼がやがてこの試練（or-deal）に屈するだろうと思った。けれども彼自身は別の気持でいた。というのは、この環境との取り組みに進歩したことをしだいに確信していたから。ある晩、彼は禅堂に入ったが、ちょうどそこの連中はある名僧の法事の行なわれている他の寺へ一時出かけて、誰もいなかった。洪川は一晩中深い坐禅にふけって、夜の明けるのも気がつかなかった。朝を知らせる板を打つ音をかすかに耳にしただけだった。彼はついに「このこと」の落着の時至ったことを知った。彼は公案と自己が一枚になるため努力を倍加した。終日食事を忘れて、堂を去らなかった。夕方になって、彼は突然微妙な快感状態になったことを覚えた。五官は過度に澄んで、その間の差別が消えた。この状態は長くは続かず、心中は異常に澄みひろがり、精神の眼が開かれた。彼は一つの声を聞き、一つの幻影《ヴィジョン》を見たが、両《ふた》つともに地上のものではなかった。まるで甘露（nectar）を味わっているようで、如実にそれがわかった。今まで彼の見解を曖昧《あいまい》にしていた一切の疑惑・一切の学識がすっかり払拭されたので、彼は突如大声で叫んだ、「これは不思議だ、不思議だ、おれが悟りを得たら、一切の聖典は日光の中の蠟燭《ろうそく》の灯になった！」

こうした例は禅の歴史に数多く記録されている。ある公案の正しい見解を確信した一人の僧は、その師からきびしく拒否され、戸外に叩き出された。恥と怒りとをまじえた感情に駆られて、彼は徹夜してその問題を工夫した。暑い夏の夜であり、薄着していた。蚊が猛烈であった。彼は激しい空腹とたたかいながら、公案を意識の中心に置いた。これが夜の明けるまでつづいたとき、「師の意地の悪い」扱いの意味が初めて理解された。彼が禅定から立ちあがったとき、血で団々《まるまる》とふくらんだ蚊が露の玉のようにころがっていたという。

いま一人の宋代の僧が、弟子を手荒く扱うのでとくに有名な和尚を訪ねた。弟子たちはあえて和尚に近づこうとしなかったので、寺はほとんど無住のままであった。しかし、この気骨ある僧は、和尚の癇癪持ちを気にかけず、和尚が真冬に禅堂に冷水を一面にまくようなときでも、和尚に付いて離れなかった。ふるえながら坐禅を続けた。この僧の頑張り方がついに和尚の心の固さを柔らげ、弟子とすることを承知したという。

正受老人《しょうじゅろうにん》の白隠に対する扱い方も有名である。白隠が雨の降る夏の晩、縁から蹴り落されたのは、彼が自己の見解の正しさを主張するのに和尚が我慢できなくなったからであった。この乱暴は、白隠がいたずらに這《は》いまわっていた道から彼を出してやるために、必要だったと思われる。かかる場合には、いかなる知識的論議も彼を救うことはできず、いかなる口頭の説得もむだであった。ただ、何かが突如として内部から発して、彼の心中にこびりついているものを、一撃のもとにことごとくはらい落としてしまうよりしかたなかった。この突然の目覚めは、強い感情的動乱の衝撃のもとで、初めて可能であった。白隠が村に乞食に出かけたとき、ある家で一老婆が何もくれないというのにも気がつかず、あたかも喜捨を強うるごとく、そこに立っていたので、老婆はひどく腹を立て、たまたまその時持っていた箒《ほうき》で彼を殴ってしまった。しかし、この破局《カタストロフ》が、白隠の深底から、論理的理解を越えた了解を、目ざましたのであった。

7

公案制度を手段として達せられる悟りの心理的一面に関するかぎりでは、明らかに、この制度では、修禅者の精神力が最高度に達することが必要である。これは公案が彼の実存性の、最高の、しかも同時に最低の終極に連れてゆくということである。両極端に達すれば、自分のものとして親しく抱いていた一切を放棄するほか何も残らぬ、完全に自己を破滅して事実何も自己に残っていない。これはアダムとしての彼が自己に対して死ぬ時である。彼は今やまったくの空白に面する。眼前の何ものをも知らぬ、断崖を跳び越えるということを十分気づいているが、ただ進むばかりである。ついに彼は跳ぶ、そして、見よ、彼はそこに自己を見いだす。彼が古い自己以上でも以下でもないことを見いだす。彼は、詩人山部赤人の昔と変わらぬ雪におおわれた富士と、太平洋の波に洗われる田子浦とをもつ同じ古い世界にあることを見出す。心理学はまったく後退し消滅し、今や形而上学がこれに代わる――理性にもとづかぬ、人間の内的存在から生長する形而上学が。形而上学は彼にとって閉ざされた本であった、いったいどんなものだか知らなかった。しかしその姿を現わしたからには、人はまるで自分の家に戻った気がする、そこには見なれぬものはない――すべてがもとのとおりだということがわかる――廬山は煙雨、浙江は潮だと知るのである。

公案工夫をする場合にどんな心理的行程を通ろうと、その意義は心理学になく、最後の「形而上学的」理解に存する。心理学は無視すべきではなく、それ自身の方面で価値をもっている。けれども、禅を左右するような地位を占めるようなものではない。心理学が修禅者にその悟りの門を開かないとすれば、それは彼らを錯綜した網に巻きこみやすいばかりで、禅にとってはまったく不必要な、扱いにくい付加物である。彼らを単なる心理的状態ではなくして純粋の悟りの状態に目ざめさすということについて、公案には正当な事由がなければならない。われわれの悟りは世界と人類を新しく展望する底のものでなければならない。個人としても、世界市民としても、非情有情のありとあらゆる存在を含む重々無尽の体系の一員としても、その日常生活に有用であり有価値であることを証明しなければならない。

公案の工夫にあたって「正しい道」を、老練な禅匠がやかましくいう理由は、修行者がややもすると心理的・論理的・精神的にいろいろな方面で迷うからである。彼らは、弟子の訓練法を熟知する有能練達な師家によって、注意深く指導されなければならない。公案は、このように禅を修める場合、しばしば危険で無用な手段になる場合がある。近代日本の最も偉大な禅匠の一人の盤珪は公案法に強く反対して、人為的な工夫だとけなした。この点彼は曹洞宗の一派のようであるが、曹洞宗と異なり、黙照の坐禅を主張しなかった。黙照禅の実行は、彼には、公案法と同様、人工的と思われたにちがいない。盤珪の教えは「不生」に徹底し、人が皆この世に来たるとともに授かる「不生」によって生きることを、信徒に説いた。「不生」は、世界そのものに先立って人が有する自己の存在である。換言すれば、それはその存在を認識するに至らぬ以前の神である。しかし、そのままにはとどまらない。もしとどまるならば、それは非存在であろう。「不生」は自己を知り責任をもつ。公案は多くの場合、「不生」の自然の作用を阻害するはたらきをなす。次の盤珪の説*教または問答は、この点を説明している。ある人が盤珪にたずねた、

「あなたの『不生』の教えによれば、このままで不生とともにあれと教えていますが、これは『無記**』の説かと思われます。そのとおりでしょうか。」

盤珪がいった、

「そなたが何心なくこちらを向いて、私のいうことをお聞きになっているとき誰かふいにそなたの背中に火をつけたら、熱いと覚えるか、覚えまいか。」

「きっと熱いと覚えましょう。」

「もしそうなら無記ではござらぬ、熱いと感じるものが、どうして無記なものか。無記でないからとくにそうしようと思わなくとも、冷暖を識別するのだ。自分で無記じゃが苦しうないかというものが、どうして無記なものか。無記でないから自分でよく無記を知るのじゃ。つまり、これは仏心は霊明で、賢明なもので、無記ではござらぬわい。どこに無記というものがござるか。そなたはいつ無記でいる時があるか。一刻たりとも無記でおることはないわいの。」

＊彼の説教のいま一つは、禅に至るいろいろの方法と関連していたるところに引用される。

＊＊「無記」(avyākṛta) は仏教の専門語である。一つの事が善でも悪でもないとき、無記だと称せられる。ゆえに、それは、また、「非感覚」、「非倫理的」、「神経系統の欠如」、「知性の欠如」、「無分別と不決定の状態」を意味する。

別の所で盤珪は教える。

「そなたの不生の心は、生も死も知らぬ『仏心』そのものである。その証拠には、そなたが事物を見るときは、いろいろなものを直下《じきげ》にそれを見る。その中に音を聞くときはただそれを感知して、これは鳥が啼いているのだ、あれは寺の鐘だなどという。寸時たりともそれを反省する必要はない。われわれは、朝から晩まで、自分の仕事を一瞬たりとも考えず、一念不生にやっているが、それを知らず、多くの人はこの生活が分別と料簡とではたらくと考えている。

それは大きな誤りである。『不生』がわれわれの内部にはたらいているのである。仏心とわれわれの心とは二つのものではない。しかるに悟りたいと思い、また自心を発見せんとする人々は、かかる考えで修行用心*するが、大きな誤りを犯している。不生不滅ということは、『心経』を少しでも知っている者は誰もよく知っているが、彼らは『不生』の根源を測ろうとはせず、分別と計較とを用いてそれを達し成仏しようと努め、これが仏性を得る道だと考えている。しかし、ごくわずかでも、仏を求め、道を得んと思えば、たちまちそれが『不生』にそむき、そなたの内部《うち》に生まれながらにあるものを見失うのである。この『心』は『自分は悧発だ』とも『自分は暗愚だ』ともいわぬ、それはそなたの内部《うち》に生まれたときと同じままにある。それを悟りの状態に持ち来たそうとすることは、二義に落ちたことである。

そなたは本来始めから仏なのであるから、今初めて仏になるのではない。そなたの生まれながらの心には『迷い**』というものは鵜の毛のさきほどもなく、したがって、けっしてあやまった考えの起こりようはない。両拳をしっかり握って競走してもそなたの不生には変わりがない。そなたがもし現在のそなたより少しでもよくなろうとするならば、何か求めて少しでも急ぐならば、そなたはすでに『不生』に反するのである。そなたの生まれつきの心は喜びもなく怒りもなく、絶対に自由であり、万象を照らす霊妙の仏心ばかりである。かたくこの道理を信じて、日常生活において何らの執着を持つな――これが信心というものである。」

＊これは明らかに公案信奉者のことを指していう。

＊＊「迷い」は「悟り」に対する。「悟り」ならざるものが迷いで、文字上の意味は、「失う」、「道に迷う」、「正しい軌道を離れてうろつく」である。

盤珪は不生禅が本能や「無意識者」の哲学でないことに、いたるところで触れている。不生が無意識なら、心理学的意味で理解すべきでなく、形而上学的・存在論的または宇宙論的な意味で理解すべきである。不生は盲目的な力でもなければ、不合理な衝動《インパルス》や単なる生命の飛躍（élan vital）でもない。盤珪によれば、それは論理的計較を越えた知的なものであり、無分別の分別であり、秩序の原則といいうるものであり、この実際活動の世界にあって知性を指揮してはたらかせるものである。しかし忘れてはならないことは、盤珪・白隠・臨済・薬山・趙州など、すべてを含む禅匠たちは、いずれも哲学者ではない。彼らは大部分実践的な、過激な経験論者であって、議論によらず、われわれが自ら「不生」と対決し、それを実地に生活することを望んでいる。それだから禅匠が「不生」を合理の面に持ってくるときには、その表現は論理や弁証法の規則に従うものではない。彼らの欲するところは、すべて、「不生」の分野を経験的に踏んだ一人として、われわれの案内者たらんとするにある。

この章を終えるにあたって、いま一つ「大疑」について盤珪と質問者にかわされた問答を引用しよう。

一人の僧がたずねた、

「古人の言葉によりますと、大疑の下に大悟ありといいますが、和尚は『大疑』を主張なさいません。なぜですか、その理由《わけ》を教えてください。」

盤珪の弟子から出たこの質問は、当時にもまた公案信奉者の一派があって、公案を解くには、「大疑」または「疑団」を起こすことが必要だと、さかんに議論されたにちがいないことを示している。盤珪は、かかる修禅の方法を好まなかった。かかる（公案の）練磨には多分に人為的な技巧がありすぎ、内心の要求に発するものではないと知っていた。ゆえに、彼は、公案法によって、いわば機械的に「大疑」をつくろうとすることには、明らかに反対した。盤珪はいった、

「お前はこの方法に大疑を起こしている。南嶽が六祖（慧能）のところに来たとき六祖がた

ずねた、『このようにここに来るこれは何だ』（什麼物《なにもの》か恁麼《いんも》に来る）と。たずねられた南嶽は、答えるすべを知らなかった。彼は八年間疑念をいだき、ついに『これだ、それだといわんとすれば、皆中《あた》らぬ』（説似《せつじ》一物即不中《いちもつそくふちゅう》）と答えることができた。これが真の大疑大悟である。たとえてみれば、僧侶がその唯一の袈裟《けさ》を失ってしまったようなもので、いくら熱心に探しても、その場所を見つけることができないとき、彼は寸時たりとも捨ておくことができず、尋ね求めるのを、まことの疑いという。これはほんとうに起こした疑念である。当節の人々は単に昔の禅匠たちがいだいたという理由だけで疑念をいだこうとする。これは疑いのまねごとである。まことの疑いではない。ゆえにほんとうに悟ることもない。それは、けっして失わなかったものを失ったと思い、捜し求めているようなものだ。」

盤珪は公案制の最も弱点を衝いている。一つには、公案は人の心理にはたらきかけ、純粋に哲学的な心や宗教的な方向に向けられた心に応じて、それはある主体的な態度を創《つく》り出そうとするのである。宗教的な心には強い内的衝動力があるが、哲学的な心はただ前者を追わんと欲するだけである。模倣者といえども、禅追求の欲求が明示するように、けっして内的欲求に欠けているのではない。しかし、かかる人の必要とするのは、ただある外的な手段で助けてもらわなければならないことだ。その修行に経験深い師家の適切な指導を得れば、公案がこの務めを十分果たすことは疑いをいれない。こうして適当な指導を得れば、模倣者はいつかは純粋なものとなりうる。しかし、公案信奉者側の誰もが十分認識を要する一事がある。それは、各公案は大智の一つのあらわれであり、かかる表現は大慈悲と結びつくときこそ、初めてその意義を得るということを忘れないようにすることである。

解説

小堀　宗柏

1

鈴木先生は偉大な人だという。どういうところが偉大なのか。随分以前のことであるが、或る秋の暮、先生と一緒に京都洛北の大徳寺山内の石道を歩いていた時、私は先生にお尋ねした。「先生の見性とはどういうものですか」と。今思えば全く不躾《ぶっしけ》な質問である。禅者の間には検主問といって、学徒が逆に師家をテストする問い方がある。若輩の私はもちろん、そんな高等なつもりで質問したわけではない。ただ何となく、そうした問いがフト口を衝いて出たのである。先生はコツコツと石の道を歩きながら、別にいつもの調子と変らぬ平静さで、

「そうだな、衆生無辺誓願度がわしの見性だな」

と言われたことが、深く私の脳裡に残っている。

仏教は東洋文化の宝庫であるが、東洋人のみが占有すべきものではない。仏教は一切の存在、あらゆる人間すべての精神の根底であるから、東洋人も西洋人も、衆生つまり人間であるかぎり斉しくこの根底に触れるべき立場にある。仏教は神中心ではなく人間中心であり、人間のものである。それで自分の根底的経験、それから生ずる思想を傾けて、未だこの精神の中枢に触れ得る機会の少なかった西洋の人々に、なんとかしてこの仏教を知らしめんという強い願いによって一貫せられている人が、鈴木先生であると思う。ここが偉大なのである。先生の生涯は透徹した智慧と強い熱情に依って一貫せられている。

また或る時、先生は、「東洋の人、特に仏教者には自分一個の修行、解脱に就いては一生を投入して、死すとも悔なき熱情を有つが、どうしたものか広く他の人々にこれを知らしめ、我人与《われひとともに》にこれを悦ぶという一面に打ち込む人が少ない。キリスト教の人々は、此の点全く対蹠的と言えると思う」と語られたことを聞いて、ナルホドと心に深く、これを刻んだこともある。

今年（一九六〇）、九十歳の寿を迎えられた老先生は、明治のごく初期に生まれられた人である。明治初期の人々の精神的な特長の一つに、「和魂漢才」乃至は「和魂洋才」というのがある。精神の根底は、強く東洋―日本の底を流れるもので貫かれていて、しかもその上に西洋の思想を取り入れて行くということかと思う。東洋的という点では、先生ほど東洋的なものを深く自覚している人も少ないと思われる。その理由の一つは、東洋の内側のみに止まらず、外から東洋が見られる人であるからである。西洋にいて、そこで西洋人の考え方に自分を置いてみて、初めて東洋の何たるかが照らし出されるのだとも先生はよく言われる。

然るに、今の日本の文化人といわれる人、学者といわれる人、また若い世代の人々の多くはどうか。和魂洋才どころではない。極端に言えば、洋魂洋才である。全く東洋文化の根底に触れるということを知らない。これは実に悲しいことである。人間として、また日本人としても、己を知って他を知らぬのはまだしも、他のみを知って己を知らぬことは、人間として大いに悲しみ、且つ恥ずべきことではなかろうか。

この書『禅による生活』も、そうした先生の悲願ともいうべき心の底から湧き出たものと思う。この本は元来、西洋の人々に対して東洋精神の宝である禅を一つの新しい角度から述べられたものである。先生のこの書以前のものは、禅とはどういうものかを少しでもよく西洋人に知らしめんとして書かれたようであるが、さらに知るのみに止まらず、一歩を進めて、禅を生活するということ、知ってさらに、日々一挙一動これを深く意識して行くという点が新しく照らし出されている処に本書のユニークな立場があると思う。

日本人には、妙なところがあって、外国でもてはやされるものは、思想でも何でも一応大いに重宝がるくせがある。禅などという深い東洋文化のエッセンスにしてもそうである。英国へ留学した或る若い学者が、彼の地で、君は日本人だから、さぞかし禅のことに詳しかろう、一つ禅の話をしてわれわれに聞かせて欲しい、と言われて大いに困ったと、私に告げたことがある。それまでイギリスの法律のみを勉強して来たこの学者は、改めて禅とは何かと聞かれて、何とも答えようがなく、深く自己の不明を恥じたという。そして日本に帰って後初めて、少しずつ禅の本なども読み始めたといっているが、まずこうしたもので、外国から逆に禅への関心が日本に反映して来て、日本の若い人々が新たに日本にもこうした深いものが有ったのかと思い直して見るといったあんばいである。この意味では、外国人のために書かれた本書が、日本語に反訳されて再び新しい世代の人々の目に映るというのもまた、大いに意義が有ると思う。

鈴木先生の大いなる他の面は、「描けども成らず」つまりbeyond expressionsと言われる禅の本質を大いに描き出されたという点である。本来言い得ないものを英語や日本語をもって新しい思想で言い表わされた点、これは考え得べくしてなしがたいことである。よほどの徹見と、他の人のためにしようという強い願いがなければ、到底成就し得ぬことと思う。

先生の学問的な主著である梵文楞伽経の英訳並びに研究という労作がある。この楞伽経とは禅宗の初祖菩提達摩大師が印度から持ち来って二祖慧可に、心要として伝授された経典といわれている。この楞伽に、「智は有無を得ずして而も大悲心を生ず」という実に大切な一節がある。この智とは普通の knowledge でも、 wisdom でもなく、人間の本質と同時にあらゆる存在、非存在の本質を徹見し、見抜くところの根本智慧である。サンスクリットでプラジュニャー（般若の智慧）と言う。禅において見性、悟りというもシノニムである。この根本智が得られる。すると、それは有だの無だのといった分別、分析などを生ずるのでなく、何を生ずるかというと、大悲心 the great compassionate heart を生ずるのだと楞伽の著者は言明する。根本的な禅経験はそこからコンコンと慈悲の泉を吹き出す。この一節は説明的な叙述ではなく、禅経験の事実をありのままに述べたものである。絶対の無の根底から、直きに衆生無辺誓願度という大悲の熱情があふれ出るのである。この熱情、限りなき人間への愛情が滾々《こんこん》とあふれ出て来ないような無の経験ならば、それは似て非なる見性である。「ワシの見性は衆生無辺誓願度だ」といわれたことがここにもまた深く、私の心に甦って来る。ここに、自分の背丈よりも高い量の著作が次々と書かれたという先生の尽くるところを知らぬ力の源泉がある。先生の厖大な著作はその慈悲心の穿き捨てた草鞋《わらじ》の数といってもよいと思う。十字街頭の破草鞋《ハソウアイ》というが、先生の破草鞋はこの一書一書となって次から次へと転じて止まる処を知らぬのである。先生は常に十字街頭に跳り出さなくては駄目だと、若い者を鞭励されたことがあった。私も田舎の山中の禅堂で修行していた時、これからの禅僧は十字街頭に出て大いにやらねば駄目だという御便りを頂いたことがあった。しかし、その言葉のみに執えられてはならない。孤峰頂上に在って出身の路なき一人であってこそ、――つまり自己存在の根源に徹し切って、一切を断じ、自己を断じ、他を断じ、衆生を断じ、仏を断じ、神を断じ、慈悲すらも断じ尽した一人であってこそ、一転して十字街頭にあってまた、向背なき一人となり得る。――つまり朝から晩まで、老若男女、西洋人、東洋人を問わず、画家には画家に、精神分析学者にはそれに応じ、学生には学生に応じ、労働者にはまたそれに応じて、自己を開いて、それぞれの人々に親しく接して行く人なのである。

私のここで言わんとするのは、思想から禅が生まれるのではない、論理から禅が帰結されるのではないという点である。「経験から思想が出てくる」と、先生は常に言われるが、これは先生の立場を理解する上において重要な点である。思想から経験が生ずるのではない。同じ論理、同じ思想でも、経験から創造される思想と、経験を持たず、いろいろの論理の帰結として経験をadumbrate（輪郭を写す）して行くのと、両者の差は天と地の隔りがある。一般の宗教学、宗教哲学と先生の宗教学との差は、実は此処にあると私は考えている。

この度の春秋社の刊行企画は読者として主に若い人々を対象としていると聞いているが、先生の強い願いに触れることに依って東洋文化の帰趨を知り、そして、先覚者と同じ境地に踏み込んで行こうという強い意欲を喚起して欲しいと思う。魂の根底から出る言葉はまた、他の人の魂の底を深く揺り動かすものである。

この書の第一章に、宋代の文人禅者蘇東坡の

廬山は煙雨、浙江は潮
到らざれば千般の恨み消せず

という詩が引用されている。先生の著書は、一般の人々が未だ見ぬ廬山の絶景を山につけ海につけ描き出して、われわれに紹介される。この描写にふれる者は、その絶景が一度見たくてたまらぬ気持が自然に生じてくる。アルプスの崇高な山姿を写真で見ても、山に登りたくなるのと一般である。しかし絶景の描写は、如何に真に迫っていてもやはり紙上のことである。どうしても、そこに行って、自から親しく目で見、手で触れてみなければ千般の恨み消せずである。自からそこに至り得て、そしてさらに帰って来て、初めて、ナルホドこの描写は良くできている、ここには見えないが、この後ろにはこんなところもある、という点まで知り得るに至る。木の葉一枚を見ても、それで山全体をすぐ思い起こし得るのである。つまりそれは、自分もその山の絶景に実地に足を踏み入れた経験による。そして、やはり廬山は煙雨、浙江は潮だなあと感歎する。この感歎が大事である。これが別事無しというところであろう。よろこびとも悲しみともつかぬ本分の風光への感歎、ここからまた、新たに、この景色を未だ見ぬ人々にぜひ見せたいという熱意が動くのである。そこから宗教が歴史と共に、広く人々の心に浸透して行くのであろう。

2

この書はもと英文で書かれ、題名を'Living by Zen'という。一九五〇年、英国のライダー出版社及び日本の三省堂から出版され、特に従来の著書で明らかにされなかった「禅の意識」という点を説明せんとする労作である。

この書の特色をなす思想は、主に比較的簡潔な形で書かれた第一章に表われている。それは単に'to live Zen'だけでは十分ではない。さらに'living by Zen'でなければ、本当に禅が人間の生活の中に生きて来ない。然らば禅によって生きるとは何か。ここで欧米西洋の根底に連なっている「神」及び「神聖なる意識」ということが引き合いに出されている。

仏教または禅の伝統的思想のなかには神という観念は見あたらない。これは東洋、西洋の二つの思想の流れの異なれる点である。禅においては、仏という観念でさえも——この現実の真只中において——遂には超克されなければならない。なぜならば、自己の根底において仏を見、さらに、この仏を越えて、妙有の世界に飛び出して行くことが仏教の中心課題であるからである。つまり現実のありのままの生活のなかにそのまま生きて行くのであるから、仏に滞り、神に滞っているヒマはないのである。この在りのままに縦横自在に生きていくこの現実の自己の外に、神というものは別に無くてもよいのである。しかし、人を見て法は説かれるものである。だから、この書のごとく欧米人の心の奥深く沁み込んでいる神を取り出して、彼等の心中の無明を取り払うべき場合は別に神を立てても少しも差し支えないのである。'I am before Abraham was' という創世記の一節を取り出して、先生はよく欧米の人々に話される由だが、アブラハム在りし以前に、厳然と今、ここに、在る自己の自覚。これは西洋人からすれば神といってもよし、われわれからすれば天上天下唯我独尊という実にハッキリした自己であるといってもよい。しかし神という観念は、われわれ仏教徒には比較的超克されやすいかも知れないが、西洋文化の伝統からすれば容易に乗り越え難い関門であろう。

　人間の背負っている根本的な無智、これを無明 avidyā という。これを打ち破らねばならぬ。これを打ち破るものが般若 prajñā である。根本智である。この大智に照らされている世界に飛び込んで行くことが、仏教の眼目であり、また禅の主眼なのである。この大智によって開かれる世界は、本来言語表現を絶したものである――これを古来いろいろに言い表わしてみる。譬えば空とか、無とか、また神とか、神性とかいってみても同じことである――禅匠の或る者は「蛤《ハマグリ》明月を含む」という。先生はこれを―continuum―といっておられる。この語は一九四九年、ハワイ大学で開かれた第二回東西哲学者会議での先生の発表に初めて宗教的な意味に用いられた表現ではなかったかと思われる。それを日本語に反訳する際に、私は――未分化の場――と訳したが、どうもうまく訳することができなかった。が、その指向するところは、無明が般若の大智によって打ち破られたところである。このコンティニュアムを経験することが大切である。

本書に引用されている東坡の詩に例を取れば、廬山に秋時雨が、ただシトシトとふりそそいでいるところ。浙江の汀に波が、ただサラサラ、サラサラと打ち寄せているところ。これは神とも、無とも何とも言えない、人間の口をさしはさむ余地の無い世界である。神も仏も手を拱いて、手出しのできぬところである。これを continuum という新しい言葉によって指向せんと試みられたものであろう。ところがこの無人の絶対境に人間がはいってくると、少し事情が変る。東坡が目の前にサラサラ降る雨と一つになり、ノタリ、ノタリと打ちよせる波と一枚になり切るのである。すると、そこにはサラサラも無ければ、雨も無く、耳打ち傾ける東坡もなければ、廬山もなくなる、‘oneness’ の世界が開けてくる。しかし、前のコンティニュアムの世界と異なるのは、「無い」という形で人間の参加《アンガージュマン》 engagement がある。

このモメントを経験によって捉えるところに、仏教乃至は禅経験がある。これを楞伽経などでは一縁 ekāgra といっている。一縁とは、禅家などでいう打成一片《タジョウイッペン》ということ、これを‘oneness’と言えばわかりやすい。楞伽に、「寂滅トハ一縁ナリ、如来蔵自証聖智ノ境界ナリ」と言うている。アブラハム在りし以前と、今ここにおる自己とが打って一片となる。廬山と東坡が、東坡と私が一片となる時節、これがコンティニュアムであり、浄土であり、寂滅である。これを神秘または秘密と言えば神秘そのものではないか。しかし一縁という経験の内側に立てば、神秘も何もないのである。ここの点は、本書の中でも最も理解し難いところであるかもしれない。

しかし、これだけに止まっていてはいけない。これは犬でも、鳥でも、野の百合でも余すところなく生きている世界である。完全といえばこれより完全な世界はなかろう。しかし、これを人間が再び自己の生命の中に取り戻して、深く自から意識するところを著者は特に注目して、これをLiving by Zenという。これは通常の意識の次元とは少しく異なる。先生の用語を用うれば、理性の上にある霊性—meta reason—の次元からくる意識である。「アア有難イナー」という意識であると言えよう。水一パイ飲んでアア有難イ、息一つ吸って、アア有難イ、と感歎する、それは、そこにコンティニュアムが満ち溢れコボレていることの意識である。これを聖なる意識 divine consciousnessとして説かれている点、注目に価しよう。

暗がりに頭をコツンと打って痛イと叫ぶが、このコツンと打ったことのan sichには痛いなどということの未だ入る余地のない未分の場である。このコツンと打った当体と、痛イ、との違いが深く領解されると禅と禅の意識、禅と禅による生活がハッキリするのではないかと思う。痛イ、というところに満ち溢れるコンティニュアム、この意識の中に浸透している未分の場、これを朝から晩までわれわれの日々の生活の中に意識して行くところがLiving by Zenであろう。つまり、絶対未分化の場が、そのまま日常生活の具体的事実として今度は限りなく分化して行くところ、これを如実に意識して行くところに、禅による生活が展開するのである。

もう少し説明してみよう。このコツンと打ったところ、この何でもない経験事実の根底、これは絶対未分の場である。これが人間の内的生命の根底に通じ、神に通じ、アブラハム以前に通じ、地球の終末に通じ、また、この世の中では、君と彼の根底、一本の草、ありとあらゆるものの根底に通ずることが経験される時、これを覚、または自覚という。言葉を変えて言えば、これは不可思議 acintya であり、この書中では神秘とも言われている。それは心理学でも、形而上学でも、精神分析学でも、手のつけようのない未分の場であるからである。これを神秘と言われているが、自己がその真只中に飛びこんでしまえば、そこには秘事など一カケラも無いのである。そこからこの歴史的現実の世界に戻ってくる。山は山、川は川、苦は苦、死は死、として日常多繁の生活の中に、未分のコンティニュアムが分化して行くのである。禅者のいう、「日日是好日」である。

この消息に通じた人の日常を東洋では、神通とか妙有とか遊戯《ユゲ》とか言っているが、これは「禅によって生きている人」のことである。神通とは神に通じているということである。どう通じているか、と言えば、別に何も変ったこともないので、朝は満員電車に揺られて行き、夕方は街路の雑踏に押されて帰るありのままの人である。電車に揺られ、人の肩に頭を打ちつけ、痛イ、と言いながらもそこに未分化の場の意識が貫かれておれば、痛イ、というところに安心し、痛イ、というところに解脱しているのである。その人は禅によって生きているのである。この書の九ページの、到り得帰り来れば別事無し、という不安の無い安らぎの境である。この何でもないが、しかも大きな神秘を身をもって体得することが人生の「大事」なのである。

山に雨が降る。雨と私が一つになる。ただ、ポツリポツリと。この雨のポツリポツリが雨を越え、私を越え、天地に通貫する。この意識、痛切な意識を、著者は、私のみでなく山そのもの、雨そのものも意識を持つと言われる。これは実に先生の深い思想である。先生ならでは表現し得ない思想の深さと思う。山に対する人が救われる。ところが同時に、山そのものも、否雨すらも救われているのである。山川草木国土悉く成仏するという大乗仏教の思想がこうしたところから出るのである。世界における神秘といえば、これ以上偉大な神秘はない。

この書では第三章において、悟りに就いて、第四章において、人間は如何にしてこの体験に近づき得るか、という点を、盤珪禅師などの実例をもって示されている。そして、さらに、第五章において、人々にどうしたら悟りの経験を得さすことができようか、という古来の禅匠たちの深い親切から、公案というものが生まれて来た経緯が、多くの実例と共に説明されている。そして、禅の本質は般若つまり大智であるが、この智慧を純熟させる場所として、禅定、つまり坐禅がどうしても実践上欠くことのできぬものとなってくる。耳を通じ、目を通じて理解するのは本当の禅ではない。禅は人間が自己の全心身を一片として透脱して行く実践である。この場が坐禅である。欧米などでは、禅に関心を持つ人々は、禅を坐禅に裏づけられた修行として、実践として把握していない人が多い。私は今後日本はもちろん、欧米において禅がどんな形で弘まって行くか知らないが、少なくとも、いつの時代、いかなる形においても、禅は、大悲と大智、というものが車の両輪ならば、それを転ずる坐禅修行という車軸を欠くことはできないと信じている。むしろ、禅定智慧というものは不可分の一体であると信じている。ここに禅の禅たる特質がある。

私のような未熟な者が先生の著書の解説をするのは不当なのであるが、出版社の懇請に従って杜撰な感想を述べたが、ただ先生の思想を誤り伝えた点がありはしないかということを深くおそれている。

著者略歴

鈴木　大拙（すずき　だいせつ）

1870年石川県に生まれる。本名、貞太郎。円覚寺に参禅し、円覚寺派管長である今北洪川、釈宗演に師事し、大拙という居士号を受ける。1897年釈宗演の縁により渡米し、雑誌編集に携わる。1909年に帰国後は学習院、東京帝国大学、真宗大谷大学に勤務。英文著作も多く、ロンドンでの世界信仰会議やエラノス会議へ出席するなど、広く欧米に仏教を紹介した。1966年死去。代表作は『日本的霊性』など。

禅による生活

一九九〇年一一月二〇日　初版第一刷発行
二〇二〇年　九　月二五日　新版第一刷発行

著　者　鈴木大拙
訳　者　小堀宗柏
発行者　神田　明
発行所　株式会社 春秋社
東京都千代田区外神田二―一八―六（〒一〇一―〇〇二一）
電話〇三―三二五五―九六一一　振替〇〇一八〇―六―二四八六一
https://www.shunjusha.co.jp/
印刷所　株式会社　太平印刷社
製本所　ナショナル製本協同組合
装　丁　伊藤滋章
定価はカバー等に表示してあります
ISBN978-4-393-14285-1

鈴木大拙の本

禅問答と悟り

逆説と超論理に満ちた禅問答を様々な具体例で解説し、山は山、川は川、世界は何一つ変わらぬままに、世界を一変させる新しい観察点を一気に獲得する禅の悟り体験に導く。

２２００円

禅による生活

禅による生活とは生活が禅であると意識することである。そう始めて大拙は四つの観点から禅とは何か解き明かしていく。《Living by Zen》（1950）の邦訳。

２２００円

金剛経の禅・禅への道

金剛経を自在に用い、「即非の論理」など禅の核心を解説、霊性的直観に導く「金剛経の禅」と、宗教とは何かを問うて、究極の人格を示す「禅への道」。（近刊）

２５００円

▼価格は税別。